中小企業診断士になって「年収1億」稼ぐ方法

NIコンサルティング
長尾一洋
KAZUHIRO NAGAO

KADOKAWA

まえがき

本書を手に取ってくれたあなたは中小企業診断士、もしくは中小企業診断士になろうと勉強中の人か、「年収1億」に興味を持っている人でしょう。

はじめに、本書はお金儲けの本ではありません。**より多くの中小企業の生産性を高め日本を元気にするための本**であり、**中小企業診断士を「そんな資格を取っても食べていけない」と批判する人たちへの反論の書**です。

中小企業診断士という資格の価値を十分に引き出し、多くの中小企業のお役に立ち、結果として年収1億円以上の報酬を得ることができるようになります。

本書ではそのための具体的な方法、手順、考え方をお伝えしていきます。

中小企業診断士という資格があることを知らなかった人も、「年収1億」に惹かれて中小企業診断士になってみようと思ってくれると嬉しく思います。
中小企業診断士の資格について知っている人は、「中小企業診断士が年収1億も稼げるはずがない」と思うかもしれません。

調査によると、中小企業診断士の年収のボリュームゾーンは年収500万円から800万円であり、その次が1000万円から1500万円で、年収3000万円以上の人は4・8%に過ぎないというデータが出ています。

このデータの通り、中小企業診断士の資格を取得して独立開業すると、企業勤め時代並みかそれより少し高い収入を得ることはできるけれども、数千万円という年収を実現できる人はごくわずかであるのが実態です。

よく聞くのは、年商（年間売上）1億超え、年収3000万円を目指したいという話です。年商1億はキリもいいですし、粗利がほぼ100%のコンサルティングビジネスとしてはまずまずの規模です。**上位4・8%の年収3000万円を得られれば、中小企業診断士として一定の成功を収めたと言えるでしょう。**

しかし、**本書は「年商」1億ではなく、さらにその先の「年収」1億を目指す本**です。従来の発想のまま、よくある中小企業診断士のあるべき姿を追いかけるだけでは実現できません。中小企業診断士とは何か、何のためにあるのか、それをどう活かすことが社会のためになるのかを改めて考え直す必要があります。

個人の年収（報酬）を抑えて法人に利益を残すことで節税できる、という考え方もあります。しかし本書の目的は、どうやったら金銭的に得をできるかを考えるのではなく、**年収1億を稼ぐ力を身につけること**です。

節税を目的とするなら、報酬を抑えるのも一つの手ですが、税金を払いたくないから努力しないという考えは避けてください。

メジャーリーガーの大谷翔平選手が「頑張っても税金で大金を取られるから、これ以上努力しない」とは絶対に言わないでしょう。年収や報酬は、その人が生み出した価値を示す指標の一つであり、少ないよりも多い方が望ましいのです。

私は今年、還暦を迎え、中小企業診断士として33年（1992年4月登録）の経験を積んできました。これまで長年お世話になってきた社会と中小企業診断士資格への恩返しとしてこの本を書きました。**これまでに培ったノウハウや実践の手法を余すことなくお伝えします。**

本書では、中小企業診断士の資格をお持ちの方には、多くの中小企業を支援しながら「年収1億」に到達する具体的な道筋を示し、これから資格取得を目指す方には合格後の明確なビジョンを示します。

人生100年時代。還暦を迎えたこれから先も、経営コンサルタントとしてのキャリアは続くでしょう。**私が自信を持って言えるのは、中小企業診断士という資格には無限の可能性があり、定年もなく、話すことや書くことができれば、何歳になってもずっと仕事を続けられる素晴らしい資格だということ**です。

ただし、資格を取ったからといって必ずしも成功が保証されるものではなく、その資格を使いこなす必要があります。

これまでの中小企業診断士に対するイメージや固定観念を捨てて、新しい中小企業診断士の在り方を一緒に考えていきましょう。

繰り返しになりますが、本書はお金稼ぎの本ではなく、**多くの中小企業の生産性を向上させ、日本全体を元気にするための本**であることを念頭に置いて読み進めてください。

2025年4月

長尾一洋

ブックデザイン：菊池祐
ＤＴＰ：エヴリ・シンク
校正：鷗来堂

序章　中小企業診断士は経営コンサルティング唯一の国家資格!?

第1章 〝中小企業診断士業〟というものは存在しない

第2章 中小企業診断士として〝億を稼ぐ〟と決意する

第3章 営業を制する者が中小企業診断士を制す

第4章 中小企業診断士として成功するためのポイント

第5章 前向きなテーマで顧客開拓し、理想のクライアントを見つける

第6章 デジタルで標準化を実現し、人的リソースを最大化

第7章 デジタルと人間が交わる瞬間、ビジネスが一気に加速する

第8章 中小企業診断士こそが、日本を元気にする

終章　新しい経営と組織づくりで、「年収1億」のその先へ

序章

中小企業診断士は経営コンサルティング唯一の国家資格!?

実は資格というより検定に近い

中小企業診断士は、経営コンサルティング分野における唯一の国家資格です。

中小企業診断士資格の参考書や通信教育、学校などの謳《うた》い文句には必ずと言っていいほどこの言葉が書かれています。

確かに、その表現は間違ってはいないのですが、実際のところ、この資格がなければ業務ができないという独占業務はなく、**むしろ検定に近い性格があると**考えた方が良いでしょう。

資格：特定の業務を行うために必須とされる要件を有していることを証明するもの
検定：ある分野において一定の知識や能力があることを認定するもの

どちらも、第三者が知識や能力を評価して認定する点では似ています。

しかし、検定はその分野の能力があることを示すだけなのに対し、資格には資格保有者でなければ有償で業務を行えないという制限がついています。

中小企業診断士は、「業務独占」資格ではなく「名称独占」資格と言われます。

つまり、**資格がなければ中小企業診断士と名乗ってはいけません。**

資格を取得すれば、「中小企業診断士の○○です」と名乗ることができ、名刺にもその資格を記載できます。一方、「英検2級の○○です」や「漢字検定1級の○○です」と名乗る人はいません。

このように、**中小企業診断士は検定とは異なるのですが、一般的な資格のイメージとも違うのが実態**です。

また、経営コンサルティング分野における唯一の国家資格と言っても、そもそも経営コンサルタントと名乗ることに特に資格が必要ないので、中小企業診断士と名乗らず「経営コンサルタントです」と名乗れば何の問題もないという、なんとも悩ましい話になってしまうわけです。

「足裏についた米粒」という自虐ネタ

中小企業診断士界隈では、自虐ネタとして「中小企業診断士という資格は足裏についた米粒だ」という言葉がよく使われます。

私が初めてこの言葉を聞いたのは、33年前のことです。当時「三次実習（現在の実務補習）」の指導員だった中小企業診断士の先生からでした。

一次試験と二次試験に合格し、二週間連続の三次実習を終えて、いよいよ中小企業診断士になれるという熱い気持ちの中、指導員の先生から「中小企業診断士は足裏についた米粒だ」と冷水を浴びせられたのです。

オチは、「取っても食えない」。足の裏で米粒を踏んでしまったら足の裏から取っても食べることはできません。つまり中小企業診断士は独占業務がないため、資格を取っても思うように収入を得られないという話でした。その先生は独占業務のある社会保険労務士の資格も持っていたため、中小企業診断士には独占業務がないことに特に敏感だったのかもしれません。

後になって、他の中小企業診断士との会話の中でも同じ話を耳にし、あの言葉が先生のオリジナルではなかったことに気付きました。

中小企業診断士に合格して、「これから頑張るぞ」と燃えている若者や年配の方々に対して、いきなり資格の価値を下げる話をするのはどうかと思いましたが、その先生は同時に前向きな言葉もかけてくださいました。

「中小企業診断士も高額納税者の仲間入りを果たしたいね」と私たち実習生を鼓舞してくれたのです。皆さんはあまりご存じないかもしれませんが、2005年まで「高額納税者公示制度」というものがあり、1000万円を超える所得税を納めている人は住所や名前が公にされていました。

当時、1000万円の所得税を納めるということは、年収が約4000万円程度あるということでした。

確かに、医師や弁護士や税理士など独占業務を持つ資格の方々は高額納税者リストに載っていたのですが、中小企業診断士は一人もいなかったのです。

その後、個人情報保護などの観点からこの制度は廃止され、先生も私も高額納税者リストに載ることはありませんでしたが、食えるか食えないかという侘《わび》しい話よりも、前向きな言葉で励まされる方がモチベーションが上がるものだと思うのです。

X界隈で目にする自分を蔑むポスト

しかし、残念なことに、あれから30年以上が過ぎましたが、中小企業診断士自身が自虐ネタとして資格の価値を低く見積もる発言を耳にすることがあります。

たとえば、X（旧 Twitter）や YouTube では、「中小企業診断士は食えるか食えないか」「中小企業診断士は独立開業できるのか」といった投稿や動画が目立ちます。

多くの場合、独占業務がないため、資格を取得しても独立して事業を展開するのは難しいし、独立しても自治体や商工会議所などの公的な中小企業支援業務では報酬が低くて大して稼げないという内容です。

内輪で愚痴をこぼす分には笑い話で済むかもしれませんが、**これらの発言がネット上に公開され、中小企業診断士以外の人（将来クライアントになりうる人たち）にまで見られるのは問題**だと思います。

２０２４年の2月、そんな思いを抱きながらXを見ていると、ビジネスインフルエンサーの田端信太郎氏の投稿が目に入りました。

「中小企業診断士はクソｗｗｗ 出題範囲の知識が全部ムダとは言わないが、名刺に中小企業診断士って書いてある奴は地雷」というもので、多くの人が「確かにそうなんだよ」と肯定していました。

もちろん、中小企業診断士が自虐ネタで言うなら仕方ないかもしれません。中小企業診断士の資格を持たない何十万人ものフォロワーを持つインフルエンサーに対しては、一言申したくなり名刺の写真を添えて次のように引用リポストしました。

「俺の名刺には、中小企業診断士って書いてあるぜ。

どうも中小企業診断士をディスってるみたいだけど、たまたま会った一部の人だけを見て、すべてを一括りにして決めつけるのはよくないと思うよ。
俺はこれで商売している。田端さんよりは稼いでいるんじゃないかな（笑）邪魔はしないでいただきたい。」その後は、「お！　名刺に『中小企業診断士』って書いてる人、みーっけ！」とリポストを返してきたので、私は「見つけてくれてありがとう」と返しました。

このような経緯からも、経営コンサルティング分野における唯一の国家資格である中小企業診断士は、時として中小企業診断士自身がその価値を正しく認識できず、活かせていなかったり、また資格の実態を知らない人から馬鹿にされたりすることがあるのです。

特に大企業に勤めている方々は、名称に中小企業と入っていることで、「どうせ中小企業向けだろう」と見なす傾向があるように思います。

実際、大企業に勤めながら企業内診断士（独立するわけではなく企業に勤めながら中小企業診断士資格を活かす人）として活躍する人も少なくありません。

おそらく、大企業に勤めている人にとっては、中小企業診断士という資格は、自己啓発の一環で学ぶ「検定レベル」のものという認識があるのでしょう。

中小を取って「企業診断士」という名称なら良かったのにという声もありますが、それは中小企業診断士の法的根拠を知らない人の意見に過ぎません。

実は明確な法的根拠を持つ資格

中小企業診断士制度の法的根拠は、以下の2つの法令にあります。

1. 中小企業支援法（昭和38年法律第147号）第11条
2. 中小企業診断士の登録等及び試験に関する規則（平成12年9月22日通商産業省令第192号）

これらの法律に基づき、中小企業の経営診断、助言、実行支援の能力を有すると経済産業大臣が認定し、登録しています。つまり、**中小企業診断士は立派な国家資格**なのです。

また、中小企業支援法自体がどういう法律かというと、第1条の目的を読めばはっきりと分かります。

第一条

「この法律は、国、都道府県等及び独立行政法人中小企業基盤整備機構が行う中小企業支援事業を計画的かつ効率的に推進するとともに、中小企業の経営の診断等の業務に従事する者の登録の制度及び中小企業の経営資源の確保を支援する事業に関する情報の提供等を行う者の認定の制度を設けること等により、中小企業の経営資源の確保を支援し、もって中小企業の振興に寄与することを目的とする。」

このように、中小企業診断士制度はあくまで中小企業を支援するための制度であり、その趣旨に沿って国家資格としての中小企業診断士が設けられているため、「中小企業」という言葉は名称に入れざるをえないのです。

なお、この法律は高度成長期に作られたもので、制定から60年以上が経過していま す。そのため、現代のニーズに完全に合致しない部分や融通が利かない面があるのも事実ですが、国（経済産業省）が認定・登録している以上、その枠組みに従わざるをえません。

一方、税理士や弁護士、社会保険労務士といった独占業務のある資格は、それぞれ税理士法、弁護士法、社会保険労務士法といった法律に基づいており、より詳細な規程が定められています。それに対し、中小企業診断士は中小企業支援法の一部として規定されているため、扱いがやや軽い印象を受けることもあるのかもしれません。

独占業務を持たないからこそ、自由にサポートできる

私も昔は何度も「中小企業診断士にも独占業務があればいいのに」と思ったことがありました。しかし、今は考えが変わりました。**中小企業診断士は独占業務がないた**

め、中小企業診断士法のような厳しい制約がなく、自由に企業を支援できる素晴らしい資格だと思うようになったのです。

最近はだいぶ緩くなったようですが、たとえば、税理士や弁護士など独占業務を持つ資格は、その性質上、国からさまざまな規制や制限が課されています。

医師も同様で、広告に関しては住所、名前、代表者名など限られた情報しか掲載できないといった制約がありました。国が独占業務を認めることで、過剰な顧客獲得競争や不正行為の温床にならないように厳しくコントロールしているのです。

たとえば、税理士が「うちに税務顧問を依頼したら税金を減らしてみせます」といった広告で顧客を集めると、国（国税庁）の業務の一部を担っている資格保持者として問題視されるのは当然です。

規制が緩和された今でも、過剰な利益誘導になるPR表現は業界の自主規制も含めて制約されています。

国家資格は、国の政策や施策の一部を担うために設けられており、独占業務はそのために従事できる人を限定するための仕組みです。だからこそ、国がしっかりとコントロールしているのです。

一方、**中小企業診断士は国家資格でありながら、独占業務がないため、規制が緩やかで自由に企業の経営診断や助言、支援ができる資格**となっています。中小企業診断士と名乗るための義務や、広告でアピールしてはいけないという厳しいルールもありません。

もちろん、たとえば飲食店を経営する場合に「中小企業診断士です」と名乗っても意味がありません。やはりこの資格は企業経営を支援したり、診断や助言を行ったりする分野で活かすものです。その有効な活用範囲がとても広いのです。

開き直って「検定の効果」を最大限に利用する

私はすでに述べたように、中小企業診断士は資格よりも検定に近いものだと考えています。つまり、独占業務を求めず、検定効果を最大限に活用すればいいのです。

世の中には経営コンサルタントだけでなく、○○コンサルタントと名乗る人が多く存在します。ちょっと人にアドバイスをするような仕事だと「○○コンサルタント」と名称をつけたりします。

しかし、中小企業診断士は違います。**きちんと試験に合格して経済産業大臣に認定、登録され、さらに毎年研修を受けて、5年ごとに資格の更新が義務付けられる厳格な制度**があります。


私は40年近く経営コンサルティング業界で仕事をしていますから、中小企業診断士の資格もないのに経営コンサルタントと名乗る人を何人も見てきました。

「中小企業診断士は取らないのですか?」と聞くと、だいたい「取ろうと思えば取れるけど、なくても問題ないからね」と言い訳をされるのです。

もちろん、資格がなくても十分な実力がある人もいますが、中には試験を受けても合格できない人も結構います。

実際、私自身、そのような自称経営コンサルタントを社員として採用した経験があります。

中途採用の際、独立して経営コンサルタントをしていた人や他の経営コンサルティング会社出身の人が応募してきますが、その時点で独立した事業を成り立たせるだけの実力があるのか、疑問に感じることもしばしばでした。即戦力を期待して採用したものの、実力に疑問符が付くケースも多々ありました。

私の会社では中小企業診断士の資格取得を積極的に奨励しており、コンサル経験者にも試験を受けるよう促しています。「今さら中小企業診断士なんて」と抵抗する人もいますが、中には観念して受験する人もいます。案の定、落ちたりするのです。

話はそれますが、詐欺事件の犯人として自称経営コンサルタントがよく挙げられる一方、中小企業診断士は国の試験に合格し、**一定の知識と能力を証明できる資格**です。合格すれば、全員が一律に優秀だというわけではありませんが、医師、弁護士、税理士、公認会計士などと同様に、有資格者の中にも優劣があるのは当然です。

つまり、中小企業診断士に合格すれば、「食えるか食えないか」といった議論に終始するのではなく、**企業経営に関する一定の知識を持っていることを証明する一種の免許証**として、その能力検定機能を有効活用すれば良いのです。

教育・検定・知識量の可視化までをワンストップ

私の会社では、**中小企業診断士資格を、経営コンサルティングにおける教育機能、能力検定機能、知識量可視化機能として活用**しています。

弊社には専任の社員教育部署はありませんが、経営コンサルティングを事業とする以上、社員には十分な経営知識を身につけさせる必要があります。そこで、中小企業診断士という国家資格を活用して、外部の資格学校や通信教育、参考書などにより、社内の教育機能を補完しています。

全国の主要都市には資格学校があり、時代の変化に合わせてコンテンツの改訂も行っているため、**社内で一から教育プログラムやテキスト、講師を用意する手間やコ**

ストを大幅に削減できます。また、社員が通学や通信教育を受ける際には、その費用の一部を補助する制度も整えています。

その結果、社員が経営コンサルタントとして必要な力を身につけたかどうかは中小企業診断士の試験という厳正な能力検定で判断できます。多くの経営コンサルティング会社では、社内独自の基準で、「ジュニアコンサルタント」や「シニアコンサルタント」といった社内資格を与えることがありますが、これらは企業内部でのお手盛りになりがちです。

実力が多少不足していても、早く上位のポジションに認定し、クライアントに送り込んだ方が、単価が上がるという面もあるのです。

一方、国家資格である中小企業診断士は、一次試験、二

図１　中小企業診断士の３つの機能

経営コンサルティング会社において
中小企業診断士資格が実現する３つの機能

次試験に合格し、実務補習を経て登録されるため、内部でのごまかしはできません。

実際に合格すれば、弊社では合格祝い金として100万円が支給されます（ただし、退職によるコストの無駄を防ぐため、毎年25万円ずつ、4年間の分割払い）。

これにより、教育費を抑えながらも、厳正な能力検定が実現され、非常に合理的な制度だといえます。


さらに、社員は名刺に「中小企業診断士」と表記できます。これにより、クライアントに対して「この社員は、経営コンサルティングに必要な知識を持っており、国が認めた資格を保有している」というメッセージを発信できるのです。


人の頭の中にどれだけの知識があるかは目に見えませんが、**この国家資格の表記が知識量の可視化、すなわち信頼の証として機能**します。

こうした取り組みにより、弊社は中小企業診断士の持つ能力検定機能を有効に活用し、質の高い経営コンサルタントの育成とクライアントからの信頼獲得に努めています。

学歴・職歴がなくても社会の役に立ちたい人におすすめ

これから中小企業診断士にチャレンジしようと考えている方における、この資格の価値について考えてみましょう。

学歴は必ずしもその人の実力を示すものではありませんが、実際、経営コンサルタントとして仕事をする際には、プロフィールに学歴を記載することもあります。その他の職種でも、学歴が就職先やキャリアに影響を与えることは否定できません。ですが、学歴だけで「負け」が決まってしまうのは避けたいと思っています。

そんな中、**学歴に自信がないと感じる人や、これまで勉強に力を入れてこなかった人にこそ、中小企業診断士資格はおすすめ**です。**この資格は、きちんと勉強して知識を身につければ、いつでもその実力を証明でき**

る「能力検定」としての効果があります。

つまり、教科書に書いてあることを覚えてアウトプットできる能力があれば、その証明ができる最適な国家資格なのです。

特に、企業経営や起業に興味があるなら、中小企業診断士一択です。何しろ経営コンサルティング分野で唯一の国家資格ですから。

また、この資格は法的根拠に基づき、日本の中小企業支援や中小企業を元気にすることを目的とした資格です。

日本企業の99・7％、働く人の7割が中小企業であり、こうした企業のお役に立ちたいという気概が必要です。

もし、小中高での勉強に力を入れなかったり、大学受験も適当に済ませた結果、今の仕事が中途半端だと感じているのであれば、一念発起してぜひ中小企業診断士にチャレンジしてみてください。国家資格としての信頼が、あなたの実力をしっかりと裏付けてくれるはずです。

「とりあえず大学に入ったけれど…」という学生でも逆転を狙える資格

中小企業診断士の勉強は、学生の皆さんにも大変おすすめです。

受験資格に学歴要件は一切なく、中卒や高卒でもチャレンジできます。大学に進学したけれどしっくりこなかったり、納得できなかったり、あるいは何らかの事情で大学進学を諦めざるを得なかった人でも、中小企業診断士に挑戦することで、自分の実力を証明する大きなチャンスとなります。

この資格を取得すれば、就職活動で有利になる場合もあります。しっかりと勉強して知識を身につけ、試験で正確に解答できる能力を証明できるからです。学歴がその人の能力を示す一つの尺度であるなら、**学歴がない場合でも、中小企業診断士という別の方法で実力をアピールできる**のです。

ちなみに、私の会社では中小企業診断士の有資格者を大歓迎しています。入社前に資格を取得している場合は、合格祝い金100万円を支払わなくていいですし（笑）。学生時代に一次試験までクリアしておいて、入社後に二次試験に合格する人もいます。この場合100万円が支給されます。

そんな会社もあるので、中小企業診断士資格を取っておけば就職戦線を有利に戦えることは間違いありません。

次に、十分な学歴がある人について考えてみましょう。

たとえば、東大卒で米国のハーバード大学でMBAを取得したような高学歴な方は、中小企業診断士の資格は不要と思うかもしれません。

確かに、東大卒、ハーバードMBAであれば、一定の知的能力を証明できます。

しかし、**日本の中小企業の実態や商習慣については十分に理解しているでしょうか。**

企業経営は人事、経理、資金繰り、製造、在庫管理、営業、マーケティング、戦略立案など多岐にわたる知識が要求されます。そのため、中小企業診断士の一次試験では、これら幅広い分野をカバーする科目が用意されています。

ハーバードＭＢＡコースでは、専門分野については深く研究するものの、経営全般を広く浅く学ぶ機会は限られているのが現実です。

実際、私の会社では、海外大や国内大のＭＢＡホルダーを採用したことがあります。ハーバードのような世界的に有名な大学の採用実績はありませんが、そのリアルな体験で感じるのは、中小企業診断士とＭＢＡは全くの別物だということです。

海外で経営を学んだからといって、自動的に中小企業診断士の試験に合格できるわけではなく、改めてしっかりと勉強しなければなりません。

とはいえ、東大卒やＭＢＡホルダーのような優秀な方であれば、しっかり勉強すれば中小企業診断士にも合格できるはずです。日本国内で働く以上、日本の中小企業のレベルにアジャストすることは非常に重要です。

日本企業の99・7%は中小企業であり、たとえ大企業に勤めていたり、大企業向けの経営コンサルティングを行っていたとしても、日本の中小企業の現状を理解してお

くことは大切です。

さらに中小企業診断士の勉強を通じて、もし「海外のＭＢＡレベルと比べて日本は遅れているし、中小企業のレベルは低いな」と感じることがあれば、ぜひその気持ちをバネに日本の中小企業のレベルアップや、そこで働く人たちを元気にするために一肌脱いでほしいと思います。

第1章

〝中小企業診断士業〟というものは存在しない

「士業」だと思っているから稼げない

序章でお伝えしたように、中小企業診断士は経営コンサルティング分野で唯一の国家資格であり、コンサルティング力という目に見えない能力を可視化する役割を持っています。しかし、実際のところ、中小企業診断士は独占業務がなく、むしろ**検定に近い性質の資格だと理解すべき**です。

たとえば、弁護士、税理士、社会保険労務士などは、資格を取得すれば特定の業務を独占的に行えるため、資格を持つことで「士業」としての地位が確立され、安定した食い扶持《ぶち》が期待できます。

これに対して、中小企業診断士にはそのような独占業務がなく、資格取得後に必ずしも特定の業務が行えるわけではありません。そのため、「中小企業診断士業」という概念は成立しにくいのです。

実際、国の中小企業支援機関や地方自治体、商工会議所などが「登録アドバイザー」や「経営指導員」を募集する際の条件には、「中小企業の経営改善のための助言、指導ができる人」として、弁護士、税理士、中小企業診断士など、他の有資格者と並べて記載されることが多いです。私の経験上、中小企業診断士に限定したアドバイザーや指導員の募集は見たことがありません。

もちろん、中小企業診断士は一定の能力検定機能はあり、応募条件を満たす証明として有効です。しかし、場合によっては資格がなくても実力があれば採用されるといった曖昧な条件で募集されることもあります。これは、独占業務を持つ弁護士や税理士では許されるわけがありません。

にもかかわらず、中小企業診断士の世界では、「士業」や「中小企業診断士業」という言葉が当り前のように使われ、仲間内で「独立する」「開業する」といった表現が飛び交っています。

しかし「年収1億」を目指すのであれば、まずこの考え方を改める必要があります。**資格を取得しても、「これで飯が食える」と考えるのではなく、中小企業診断士はあくまで「検定」であると割り切るべき**です。

実際、独占業務がある弁護士や税理士、社会保険労務士でさえ、「足の裏の米粒」のような状況で十分に稼げているとは言い難い。中小企業診断士は独占業務がない分、その点をより肝に銘じておくべきです。

また、中小企業診断士の合格ラインは約6割の正答率とされており、4割間違っても合格できます。もし、企業経営の意思決定で4割も誤りがあったらクライアントは大きな損失を被るでしょう。

これは、試験が企業経営全体の判断をすべて網羅しているわけではなく、広く浅く経営知識を学ぶ「基礎教育」の到達度を測る役割を果たしているからです。

つまり、**中小企業診断士の資格は、経営コンサルティングにおける出発点に過ぎず、そこから各自が専門性を磨き、プロフェッショナルとしてレベルアップしていくためのスタートライン**なのです。

「食えるか食えないか」というレベルで満足していては、「年収1億」を目指すのは難しいでしょう。4割も間違っていい、独占業務もない国家資格に頼り過ぎるのではなく、そこから自分自身の専門性や実践力をどれだけ高められるかが、真の成功を左右するのです。

弁護士会館、税理士会館はあるが中小企業診断士会館はない

弁護士業、税理士業、社会保険労務士業は実際に存在しますが、中小企業診断士業は存在しません。その裏付けとして、弁護士会館、税理士会館、社会保険労務士会館は各地に整備されているのに対し、**中小企業診断士会館は存在しない**のです。

実際、弁護士、税理士、社会保険労務士は、東京の本部会館はもちろん、各県などにも独自の会館を持っています。

私も確認のためにネットで調べたところ、（株）中小企業診断士会館という会社は

存在し、日本中小企業診断士協会連合会（旧・中小企業診断協会）の本部が入居している銀座一丁目の銀松ビルにオフィスがあることが分かりました。

しかし、銀松ビルは古びた雑居ビルで、いわゆる会館と呼べるような建物ではありません。会館なのにビルに入居しているのは何かの間違いではと思い、銀松ビルに行きました。郵便ポストには「株式会社中小企業診断士会館」と書かれていましたが、決算公告によれば借地権と建物を合わせて約1億円の固定資産が計上されているものの、他の士業の会館とは別のものと言わざるを得ません。

もし、**日本中小企業診断士協会連合会の関係者の方が本書を読まれていたら、是非、中小企業診断士会館を建てていただきたい**と思います。

しかし、そのためには、中小企業診断士が弁護士や税理士のようにしっかり稼いで、協会の会費が高くても払えるようにならないといけません。

また、ついでに申し上げれば、偽の税理士や弁護士、医師はいますが、偽の中小企業診断士は聞いたことがありません。なぜ偽者が現れるかというとその仕事が儲かるからです。中小企業診断士は資格を持っているからといって必ずしも儲かるわけではないので、偽者が出現しにくいのです。

以上のことから「中小企業診断士業」があると考えてはいけません。

独立や開業を目指して「中小企業診断士業」としてビジネスを展開しようと考えても、成功は覚束ないことを忘れないようにしましょう。

「何業」で起業するのか考えよう

中小企業診断士が独立、起業を考えるなら、単に「中小企業診断士業」として事業を始めるのではなく、**どの分野（ドメイン）で事業を展開するかを戦略的に決めるべき**です。

事業ドメインの決定は戦略立案の第一歩であり、ピーター・ドラッカーも1954

年に出版された『現代の経営』の中で「自分達の事業は何かという問いを発し、それに答えることこそ経営者の第一の責務だ」と指摘しています。

中小企業診断士の勉強をしているなら、ドメインの重要性は当然理解しているはずです。クライアントに対して戦略指導を行う際には考慮しているのに、**自分が事業を立ち上げ、起業する時に有資格者が3万人いる「中小企業診断士業」という枠に固執するのは戦略的に非常にリスクが高い**と言えます。

戦略の基本は他社とは違う独自性を打ち出すことです。自分や自社の強みを活かし、他と異なる価値を提供できなければ、クライアントに対しても説得力のある指導はできません。

したがって、独立や起業を目指すなら、「中小企業診断士」という資格を出発点としつつも、自社の事業領域を明確に定め、他社との差別化を図ることが成功への鍵となるのです。

ドメインシフトで独自の事業領域を確立せよ

ドメインの基本的な考え方は知っていても、ドメインシフトという発想に馴染《なじ》みがない人も多いかもしれません。

まずドメインには、「物理的定義」と「機能的定義」「便益的定義」の3つの定義があります。

1. 物理的定義

取り扱っている具体的な商材やサービスに着目する定義です。たとえば、魚を売っていれば「鮮魚小売業」、花を売っていれば「生花販売業」「花屋」、米なら「米屋」といった具合です。自社を「○○屋」と呼ぶ時、多くの場合はこの「物理的定義」に基づいています。

日本標準産業分類や同業組合も基本的にこの定義を採用しており、業種を記載する

図２　ドメインの定義は３種類ある

物理的定義	機能的定義	便益的定義
◆魚屋	◆DHA 提供業	◆メタボ対策業
◆花屋	◆暮らしの潤い提供業	◆癒し生活実現業
◆自動車製造業	◆モビリティ提供業	◆走る楽しさ提供業
◆化粧品製造業	◆美人・美肌創造業	◆自信・元気提供業
◆家具製造業	◆収納機能提供業	◆快適生活実現業
◆ネジ製造業	◆緩み撲滅業	◆メンテナンス費削減業
◆システム販売業	◆業務効率改善業	◆コストダウン実現業
◆ガードマン派遣業	◆警備保障業	◆安全・安心提供業
◆中小企業診断士派遣業	◆コンサルティング業	◆企業体質強化業

際にもこの方法が使われるため、「何屋さんですか？」と聞かれたときにも分かりやすいのです。

2.機能的定義

自社が提供する商品やサービスが実現する機能に着目した定義です。たとえば、自動車メーカーが「自動車製造業」という物理的定義から、機能面に着目して「モビリティ提供業」と定義し直す考え方です。

3.便益的定義

商品やサービスを提供することで顧客にもたらされるメリットや価値、すなわち便益に注目する定義です。自動車製造業であれば、

「走る楽しさ提供業」と表現することができます。

多くの人がこの「物理的定義」に洗脳された状態になっていて、その定義に疑問を持つこともありません。だから、ピーター・ドラッカーは「自分達の事業は何かという問いを発し、それに答えることこそ経営者の第一の責務だ」と指摘したのでしょう。

中小企業診断士に置き換えると、まさに「中小企業診断士業」であり、少し丁寧に言えば「中小企業診断士派遣業」になります。中小企業診断士という物理的な存在を各企業に派遣するのが「中小企業診断士業」です。

ドメインシフトとは、この「物理的定義」から「機能的定義」もしくは「便益的定義」にシフトし、発想を転換することを指します。

ここで大切なことは、どの定義にせよ、**他社と違う自社独自のドメインを定義**することです。正解は一つではなく自由に決めることができます。

たとえば、「中小企業診断士派遣業」を機能的定義で表現すれば「経営コンサルティング業」となりますし、便益的定義で表現すれば「企業体質強化業」や「業績アップ支援業」とも言えるでしょう。

ただし、これは誰もが思いつく定義なので、実際にはもっと捻ったり絞ったりして独自性を出す必要があります。

ここでは便宜上、「経営コンサルティング業」や「企業体質強化業」「業績アップ支援業」といったドメインにシフトするとしましょう。

ドメインシフトを行うと、自社の事業の在り方をゼロから見直すことが可能になります。つまり、「中小企業診断士派遣業」の枠にとらわれず、たとえば**「経営コンサルティング業」「企業体質強化業」「業績アップ支援業」であることを前提とすれば、必ずしもクライアント先に出向く必要はなくなります。**

経営コンサルティング機能が果たされ、そのクライアントの企業体質が強化されたり、業績アップが実現すれば良いのです。

このように、ドメインシフトの発想転換によって、自分自身がどの「業」で事業を展開するのか、またそのドメインを最も効率的に実現するビジネスモデルは何かを考えることで、自社だけの独自戦略が見えてきます。

中小企業診断士の皆さんは、頑張って勉強して取得した資格を大切にするあまり、本来何をすべきか、そもそもこの資格は何のためにあるのかを忘れがちです。

中小企業診断士は価値のある国家資格ですが、独占業務もないためあまり資格に固執しすぎないことが大切です。**ドメインシフトを活用して、より差別化された独自の事業領域を見出し、そこから自分だけ、もしくは自社だけの強みを発揮していく戦略が求められます。**

孫子兵法から学ぶ中小企業診断士の生存戦略

ここで、孫子の兵法にも触れておきましょう。

戦略を考える時には孫子の兵法がおすすめです。

私は中小企業診断士であると同時に、「孫子兵法家Ⓡ」の肩書きも持っています。

孫子兵法家とは、２５００年前から伝わる兵法『孫子』を現代の企業経営に応用する人のことです。

ご存じの方もいると思いますが、**孫子は兵法なのに、戦争をするのではなく「戦わずして勝つ」ことを推奨**しています。

孫子は次のように述べています。

百戦百勝は、善の善なる者に非《あら》ざるなり。
戦わずして人の兵を屈するは、善の善なる者なり。

つまり、百回戦って百回勝つのは素晴らしいですが、最も優れているのは、戦わずして勝つことであり、戦う前に敵が戦意を喪失し降伏してくるように仕向けることだと言うのです。いくら勝利したと言っても百回も戦えば、当然自軍（自国・自社）にも損害が出ます。疲弊しているところに第三国から攻められたりしたらまずいことになります。

一方、戦わずして勝てれば、もちろん自軍にも毀損《きそん》はないし、敵方の兵士や兵糧、武器、土地や国民を無傷で手に入れれば最高だと言うわけです。

現代の戦略論で言えば、これはまさに「**ブルーオーシャン戦略**」です。

そしてこの「戦わずして勝つ」戦略の第一歩がドメインシフトなのです。

孫子はまた、次の教えを残しています。


凡《およ》そ戦いは、正を以《もっ》て合い、奇を以て勝つ。

故に、善く奇を出す者は窮《きわ》まり無きこと天地の如《ごと》く、竭《つ》きざること江河（河海）の如し。


「一般に、戦闘においては、正法によって相手と対峙し、奇法を用いて勝利を収めるものである。だから、奇法に通じた者の打つ手は天地のように無限であり、揚子江や黄河のように（大河や海のように）尽きることがない。」という教えです。

ここで正法とは、いわゆる正攻法のことです。たとえば、中小企業診断士が「中小企業診断士業」として開業する、つまり**国家資格を基にした従来の形態が正法**にあたります。

何の資格もない状態で経営コンサルタントを名乗るより、国家資格である中小企業診断士として活動する方が、信頼性や安定感があると言えます。

しかし、それだけでは勝てないのです。**せっかく正法がとれるのなら、それに斬新な戦術、すなわち「奇法」をプラスして勝利を狙う**べきなのです。

奇法だけでは単なる怪しい戦法になってしまいますが、国家資格という正法があれば、奇法も有効に働きます。そして、奇法と正法が互いに補完し合えば、無限に多様な戦略的打ち手を生み出すことができるのです。これこそが、孫子が説いた兵法の真髄です。

私が名乗っている「孫子兵法家」という肩書きは、独自の名称です。定義も自分で決めて、商標登録もしています。これだけだと奇法ですが、**正法の中小企業診断士とセットにすることで、まともな人に見える**のです。

中小企業診断士の資格があるから「孫子兵法家は、孫子兵法を現代の企業経営に応用する人」ということに説得力が生まれるのです。

教科書に書いてあることだけでは勝てない

これまで30年以上にわたり、数多くの中小企業診断士の先生を見てきました。社員として雇ったこともありますし、現在も社内に中小企業診断士が在籍しています。

三次実習（実務補習）の指導員もしたことがあり、中小企業診断士を目指す卵たちとも関わってきました。

ほとんどの中小企業診断士に共通して言えることとは、「教科書に書いてあるようなことを言う」ということです。つまり、「試験に出るようなこと」「中小企業診断士試験の答案で『〇』がつきそうな答え」を口にするのです。

中小企業診断士試験には明確な正解があります。その正解とは、世間で評価が決まっている定説や、広く一般に常識となっていることです。

国家試験では、誰かが唱えている独自の理論や用語や経営手法などは出題されません。そうでなければ、採点が困難になり、試験制度が成り立たなくなってしまうからです。


しかし、**本来、試験で問うべき企業経営には正解がありません**。

業界のほとんどが右に進んでいてそれが正しいとされている中で、あえて左に進んだり、斜めに向いたり、逆に戻ったりする企業が業績を伸ばしたりするものです。

利益率が高い方がいいと言うけれども、利益率を低く抑えて成功する企業もありますし、売上を伸ばして自滅する企業もあります。


この点こそが、弁護士や税理士、社会保険労務士など、法律に基づく独占業務を持つ資格と、中小企業診断士との大きな違いです。中小企業診断士は、企業経営のように正解がない分野を指導する資格なのです。

それにもかかわらず、試験では正解が求められます。中小企業診断士になろうとする人は、資格学校や通信教育で「いかに正解を書くか」「○をもらうか」といったアドバイスを受け、過去問を徹底的に研究し、模範解答を頭に入れます。

そして、その試験に合格した人は、優秀で真面目、記憶力がよく、努力家であることが多いのです。

しかし、こうして「正解」を追求して試験に合格した結果、合格後の現場で真っ正面から「正解のない企業経営の世界」に飛び込むと、あまりにも常識に縛られた考え方をしてしまいます。

合格すれば、もう試験は終わりです。あとは、他社や世間と違っていても構わないですし、他の中小企業診断士が何をしているかを気にする必要もありません。

むしろ、**正解に固執せず、自分なりの視点や独自のアプローチで企業経営に挑むことこそが、真の意味でのプロフェッショナル**であるといえるでしょう。

第2章

中小企業診断士として“億を稼ぐ”と決意する

中小企業診断士よ、大志を抱け

中小企業診断士および中小企業診断士を目指す皆さんは、**「食えるか食えないか」「独占業務があるかないか」といった、視野の狭い議論を卒業して、もっと大きな目標を掲げましょう。**「年収1億」というのは、その一つの目安であり、マイルストーンだと考えてみてください。

なぜ大志を抱くべきか。それは、世間の常識や一般的な正解の枠内に収まっていては、現状打破などできないからです。

現在の日本では、人口減少で働き手も不足しているので、やる気さえあれば職に就くことは可能です。もし、単に「生活ができれば良い」というだけなら、わざわざ1000時間も勉強して、中小企業診断士の資格を取る必要はありません。それなのに、資格取得後に「食えるかどうか」と心配しているのは、もったいない話です。

実際、独立している中小企業診断士の中には、「そこそこ食えている」「生活できている」と言う人が結構います。「まえがき」でも述べましたが、アンケート調査でも、年収の一番多いレンジ（21・4％）は500万円から800万円で会社員の平均給与レベルです。

また、次に多いレンジ（15・4％）は、1000万円から1500万円で大企業の管理職レベルと言えるでしょう。一方、3番目に多いのは、年収300万円未満で、14・3％になっています。4番目は、800万円から1000万円で、11・4％です。

総合すると、中小企業診断士の年収は、一部に300万円未満の「会社員時代の方が良かった」という層もいるものの、500万円から1500万円の間がボリュームゾーンになっており、会社員並みの年収は得ている状況です。

しかし、せっかく努力して資格も取り、リスクもとって独立開業したのなら、会社員時代と同じくらいの収入で満足してはいけません。だからこそ、年収1億円という大きな目標を夢見て、現状に甘んじず、もっと上を目指すことが必要です。

「食えればいい」と言っている人間に企業は指導できない

中小企業診断士のクライアントは、企業の経営者です。私たちのドメインは、業績アップ提供業であり、経営体質強化業であり、経営コンサルティングです。

にもかかわらず、中小企業診断士の中には、独立後に「食えればいい」「生活できればいい」といった考え方に甘んじる人が少なくありません。

自分自身がそんな状態であれば、クライアントの経営者や社員に対して「もっと頑張って給与や賞与を増やしましょう」「もっと業績を上げましょう」と本気でアドバイスをすることは難しいと思います。

補助金や助成金の申請代行のような定型業務ならともかく、一般の企業や個人事業主が求めているのは、実際に利益を出し、稼ぐ方法です。

売上を伸ばし、しっかりと利益を上げている実績がなければ、企業経営のプロとし

ての説得力は大きく損なわれます。

さらに、事業拡大のために人を雇うことに抵抗を感じ、事業をセーブする中小企業診断士も見受けられます。しかし、実際の企業は人を雇い、組織として成長していくものです。

もし自分自身が「人を雇うと大変」と感じ、事業拡大に消極的であれば、経営者の「人材問題」への相談にどのような具体的なアドバイスができるのでしょうか。

実践していないのに、ただ教科書通りの「正解」を持ち出して指導し、報酬を得るのは、中小企業診断士としての本来の使命を見失っていると言えます。

そのような人には、フリーランスや個人事業主専門のコンサルタントになってほしいものです。普通の企業は、人を雇って仕事をしているのです。多くの企業が人の問題で困っています。中小企業診断士に人の問題をどうするべきかと相談することも多いはずです。

中小企業診断士は、企業経営のプロとして、クライアントと対等に渡り合い、実際

に稼いで実績を上げた経験をもって、経営者にアドバイスを提供することが求められます。何のために中小企業診断士になったのか、当初の志を思い出し、自らが実践者として模範を示すことが必要です。

結局のところ、クライアントに「もっと頑張って稼ぎましょう」と本気で提案するためには、自分自身がそれを実現できるプロフェッショナルでなければならないのです。皆さんも、自分の原点を見失わず、何のために中小企業診断士になったのか、思い出してほしいものです。

時間の切り売りビジネスには限界がある

「食えるか食えないか」という壁を乗り越えて、もっとしっかり稼ごうと意気込んだその先で、また別の大きな壁、すなわち**ビジネスモデルの限界に直面**します。

中小企業診断士という職業は、基本的に自分の「時間」を切り売りして料金をいただくビジネスモデルです。

私は、新卒で経営コンサルティング会社に入社して、わずか1カ月で飛び込み営業による新規開拓の仕事を任されました。大学の同期のほとんどが大企業に就職し新入社員研修を受けている中で、私は名刺交換すらぎこちなかった状態で、目についた企業や店舗に飛び込み、企業リストを片手に電話をかけ、何とかして経営者に会おうと試行錯誤を重ねました。

ようやく経営者に会えて、「お困りごとはありませんか？　もしお困りなら経営コンサルタントを使ってみませんか？」と提案しても、結局はコンサルティング料金が高いと断られることがほとんどでした。

昭和の終わり頃、バブル景気の最終局面に差し掛かっていた時代の話で、翌年には平成になり、消費税が導入されました。

その当時の料金設定は、私の記憶では、1時間あたり2万円、一日で20万円が基本でした。今の中小企業診断士の標準報酬額と比べて高いように感じられますが、実際には大手コンサルティング会社は一日30万円から50万円、外資系ならさらに高額なケースもあり、業界相場としてはそれほど異常な数字ではなかったのです。

しかし、それでも「高い、高い」と経営者から言われ、必死に飛び込み営業を続けても受注に至らない日々が続きました。上司に「もっと料金を引き下げるべきではないか」と提案したところ、「アホか、そんなことを言うならお前の給料を下げるぞ」と威圧される始末でした。

私自身は「営業しなくていい」と言われて入社したはずが、毎日新規開拓に奔走し、苦労の割には給与が上がらない現状に腹立たしさを覚えていました。しかし、**経営コンサルタントの売り物は「時間」そのもの**です。一日24時間、365日という制約の中で、時間単価を下げれば当然稼ぎも減ってしまいます。

そんな中で、飛び込み営業の合間に「受注前の皮算用」をしたところ、仮に一日20万円の研修を20日間実施できたとすると、月の売上は400万円、年間では4800万円にしかならないと気付きました。

実際には土日も研修やその他の業務に追われていたので、月に25日フル稼働できたとしても、売上は５００万円程度、年間６０００万円という計算になります。

さらにこれは、営業工数やスケジュール調整の制約を一切考慮していない数字です。月額の顧問料契約の場合、月に一日の訪問であれば、訪問日が月初に集中するため、対応可能な企業数には限りが生じます。月一の会議に同席することが多く、前月の業績が締まってから月初の会議で、前月の振り返りと当月の方針徹底をするのがよくあるパターンでした。

私が広島で働いていた頃は、午前、午後、夜の一日に3社回るというローカルならではの高回転コンサルが可能でしたが、これも毎日できるわけではなく、月初に集中するからこその高効率だったのです。

そう考えると、顧問契約は10社程度でも難しく、そうすると月額20万円なら月に２００万円、年間２４００万円にしかなりません。

こんな売上では、コンサルタント自身に還元される報酬はごくわずかという現実に、私は悩まされ続けました。

結局、経営コンサルタントという仕事は時間の切り売り型で、労働集約型の仕事のため売上の上限が厳しく、**単価を上げなければ大きな収入にはつながらないというジレンマに直面**します。

もし時間の制約を打破し、収益を大幅に増やしたければ、単価を上げるしかありません。たとえば、一日の単価を50万円と設定し、10日間の研修を実施すれば月の売上は５００万円。年間で６０００万円です。

また、顧問契約を月額50万円、20社と契約できれば、月に１０００万円、年間では売上１億２０００万円です。しかし、20社が別々の日にしっかりとスケジュールを組める必要があり、個人で実行するには限界があるのです。

こうした現実を朝から晩まで考え、先輩たちと愚痴をこぼし合いながら議論していた結果辿り着いたのは、「経営コンサルタントは忙しい割に大して儲からない」ということです。

そして、一日20万円という料金すら中小企業経営者からは高いと言われ、受注がなかなか取れないという現実は、頭の中からどこかへ消えていってしまいました。

つまり、**時間の切り売り型のビジネスモデルには、明らかな限界がある**のです。

稼働可能な日数には限りがあり、単価を上げれば顧客が手を出せなくなるというジレンマから抜け出す必要があります。

ちなみに、中小企業診断士の一日の料金や月額顧問料の目安は、約10万円です。30年以上前の駆け出しの私が20万円で頑張っていたのと比べてもその半額です。仮に一日10万円が20日、もしくは20社の契約が成立するとしても、月に２００万円、年間２４００万円です。自ら独立して一人で運営した場合、諸経費を差し引けば、年収は約１５００万円程度となります。

さらに、クライアントからは「先生に月に一度来ていただいて、10万円という料金で指導していただけるのは大変ありがたい」とお礼でも言われればまだ救われますが、現実には「月に一度しか来ないのに税理士さんより顧問料が高いですね」と言われることもあります。

このように、時間の切り売り型のビジネスモデルのままでは、「年収１億」を達成するのはほぼ不可能です。また、弱者である中小企業のためにと意識的に料金を下げてあげているつもりでも、実際の中小企業にとっては決して安いとは言えないのです。

忙しくなって社員を雇うと、ますます稼げなくなる

中小企業診断士として独立開業し、クライアントが増えて、仕事が忙しくなると、社員を雇って組織的に経営コンサルティングができる体制を作ろうという話になります。

一人でやっていると、相手から仕事の依頼が舞い込み、しかも日程調整もうまくいかないと、業務を消化しきることは到底不可能です。そこで、自宅兼事務所からオフィスに移り、社員を雇うことになります。しかし、ここで一気に経費がかさむのが現実です。

事務員やアシスタントを雇っても、多少自分の負担が軽くなる程度であり、実際に営業やコンサルティングを担える人材を求めるとなれば、オーナーである中小企業診

断士以上に稼げる実力者を採用したいところですが、そういった人材はなかなか現れません。

もし、そのような優秀な人材が現れた場合、当然高い報酬を支払わざるを得ませんし、成果が伴わなければ採用しても意味がありません。結果として「人を雇うのは大変だから」と、従来の一人での業務体制に戻ってしまいがちです。

私自身も、社員を抱えることの難しさに何度も苦労しました。自分ならすぐにできるはずのことが、組織で動くと予想以上に進まないのは、人というものの複雑さゆえなのです。

しかし、**年収1億円という大きな目標を達成するには、一人の力では限界があります。**社員を雇い、組織を作っていくしかありません。そうすれば、より多くの中小企業を救うことができます。

自分ひとりのキャパシティにとどまってしまうと、救うべき中小企業は日本国内だけで何百万社もあるのにもかかわらず、ほんの一握りの企業しかサポートできません。

もちろん、知り合いの中小企業診断士が何人か集まって共同で会社を作ったり共同運営したりするケースもあります。しかし、多くの場合、個々の中小企業診断士がそれぞれ従来通り仕事をして、オフィスと事務員をシェアする程度で終わることが多いようです。

得意分野が違う中小企業診断士が協力し合うことは素敵なことですが、社員を雇って組織を作るという点からは逸《そ》れているように思います。

企業経営では「人」の問題を避けて通ることはできません。自分が「年収1億」を達成するよりも、より多くの中小企業の生産性を上げ日本を元気にするためにどうするべきかを考えてみてください。我々が支援するクライアントも社員を雇って苦労しながらも頑張っているのです。

社員を雇うことに問題があるのではなく、経営コンサルティングの従来のビジネスモデルを見直す必要があるのです。

自分自身が目標を低く設定し、困難なことや苦手なことから逃げ続けていては、他人に指導する立場にはなれません。現状の壁を乗り越え、より大きな目標に向かって挑戦し続ける覚悟を決めましょう。

まずは億を稼ぐと決めてみよう

中小企業診断士のビジネスモデルには根本的な限界があります。従来のモデルでは、たとえば「年商1億円、年収3000万円」程度を目標とするケースが多いです。これは、オフィスを構え、社員を数名雇い、オーナー中小企業診断士として働き、年収3000万円程度を取れば、会社員時代よりは稼げるという意味では一定の成功と言えます。

しかし、本当にそれで十分でしょうか？　そもそも、中小企業診断士は、日本の中小企業を救い、日本を元気にする力を秘めています。年商1億程度では、せいぜい数十社から百数十社を支援するのが限界でしょう。

そこで、**年商ではなく「年収1億」を稼ぐと決めて、発想の転換をしてください。**

年商はビジネスモデルにもよりますが、10億でも100億でもいいので、頭の中に描いてみてください。

中小企業診断士の方は、これと同じようなアドバイスをクライアントの経営者に話したりしていませんか？

企業経営には正解がないので、どこまでやりたいか、将来ビジョンがないとアドバイスもできませんし、そのビジョンに夢がないと経営者もやる気になりませんよね。目標を決め、ビジョンを描いてみることが経営をレベルアップさせていく第一歩です。

中小企業診断士が「年収1億」を目指してみるのも同じことです。

まずはそれを目指してみないと現状を打破する勇気も出ないでしょう。

仮でもいいので、「億を稼ぐ」と決意してください。目標を掲げて失敗するのが恥ずかしいなら、自信がついてから発表すれば良いのです。

第３章

営業を制する者が中小企業診断士を制す

国や自治体、商工会議所の補助業務で大きく稼ぐことはできない

ここからは具体的に「年収1億」を実現するアクションに取り掛かりましょう。**稼ぐための第一歩はやはり「営業」**です。経営コンサルタントや中小企業診断士は、営業（契約）なくして「先生」にはなれません。

大企業向けの経営コンサルティング会社は、上の人が営業を担当し、現場が営業しなくて良いだけなのです。しかし、中小企業診断士には営業が苦手な人が多いです。営業したくないから資格を取って「先生」になろうと思う人もいるでしょう。

そのため、中小企業診断士が独立開業すると、まず公的支援業務に目を向ける人が多いです。国や地方自治体、商工会議所などに設置されている中小企業支援窓口や支援センターなどに指導員や経営アドバイザーとして登録し、中小企業向けの支援業務

を受注する方法です。独占業務ではありませんが、中小企業診断士の資格が最も活かされる領域と言えるでしょう。

スポット契約で仕事をもらえることもあれば、常駐して定期的に報酬を得られる場合もあります。ただし、その枠には限度があり、登録したからといってすぐに仕事がくるわけではありません。

仕事をもらうには、何度も顔を出して、名前を売り、その窓口で専門家の登録や派遣を仕切っている人に気に入ってもらう必要があります。

結局、営業をするしかないわけです。私自身、最近は全く公的支援業務をしていませんので、最新情報は分かりかねますが、実態はあまり変わっていないようです。

私は、広島県で中小企業診断士のキャリアをスタートしました。登録時点では県内最年少26歳ということで、広島県や広島市、広島商工会議所などの中小企業支援窓口に行き、歓迎されたものの、実際には実績のあるベテランの先生に比べ、若くて実績のない自分には仕事がなかなか回ってこなかった経験があります。

「自分は県内最年少だし、これだけ歓迎されたのだからすぐに仕事がもらえるのではないか」と期待しましたが、全く音沙汰《おとさた》がなく、ガッカリしたのを覚えています。

新しい人間を使ってみたい気持ちはあると思いますが、若くて実績のない人間を使って失敗した時の責任を負いたくないのでしょう。実績のあるベテランの先生にお願いすれば、マンネリではあるけれども失敗はないのです。

商工会議所は中小企業向けのセミナーなどを結構やっているのでスポットの仕事はもらいやすいはずですが、私自身、最初に商工会議所でセミナー講師をしたのは広島ではなく東京でした。

声がかかったのは私が書籍を出版した後で、顔も出したことがない東京商工会議所です。「地元だから、若いから」というだけでは仕事は得られません。

そして、こうした**公的支援の仕事は単価が安く、大きな売上にはなりません。**

公的機関が行っている中小企業支援施策の補助的な役割でしかないので、高い報酬は期待できず、思っているほど仕事があるわけでもないのが実態です。

下請け仕事や補助金申請で儲かるわけがない

中小企業診断士が独立開業して次に考えるのは、先輩診断士から下請け仕事をもらったり、複数人で共同して業務をすることです。私の若い頃も「中小企業診断協会（現・日診連）に入って、先輩方と知り合って仕事をもらうといいよ」とアドバイスを受けました。今でも、ＳＮＳや動画などで同じ話を聞くことがあるので、昔からあまり変わっていないように感じます。

私自身も協会の雑用、裏方仕事もお手伝いし、そこに出入りする先輩診断士の方から何件かの仕事をいただきました。経験を積むという点ではありがたいことでしたが、件数も多くはなく、単価も安くてあまり儲かりませんでした。

下請け仕事なので、依頼主との接点が弱く、元請けの先輩診断士がすべて仕切っているので、次の仕事につながることもありませんでした。結局、仕事をもらうためには、元請けをしている先輩に気に入られるしかないという、どこか情けなさを感じる立場に立たされるのです。

現在は、補助金や助成金の申請支援、事業計画作成支援の仕事などもあります。特に、新型コロナ禍で一気に補助金・助成金バブルになり、それなりに稼いだ中小企業診断士もいるようです。こういう仕事は、いつまでも続くものではなく、国の予算規模にも左右されるので、あまりアテにはしない方がいいでしょう。

本気で事業計画を作って支援するなら良いのですが、**補助金目当ての仕事を請けてしまうと、目先のお金が多少入るだけで、後につながりません。**場合によっては補助金の返還請求をされることもあるので、気を付けましょう。

私が起業した頃には、設備近代化資金という中小企業支援施策があり、診断協会から貸し出し審査の仕事をいただいたこともありました。当時は金利が高かったため、低利融資を受けられることにメリットがあり、設備投資をして経営効率が上がるという申請書を書いたら低利融資が受けられるというものでした。

多少の報酬はあったものの、仕事は決まったフォーマットに沿って決まった内容を埋めるだけで、実際に経営改善の効果がどれだけ現れるかは、経営者の言葉を鵜呑みにするしかないという、あまり勉強にならない仕事でした。

補助金申請と同様に、報酬は安く、実績としても次の仕事の獲得につながるものではなかったため、結局そのような仕事は次第に減っていきました。

このように、先輩診断士からの下請けや共同で行う仕事は、経験を積むための第一歩としては有意義ですが、件数も単価も限られており、依頼主との直接的な接点が少ないため、次の大きな仕事につながりにくいという現実があります。

「顧客開拓のきっかけになる」という言い訳は、幻想に過ぎない

公的支援業務や協会や先輩診断士からの仕事を顧客開拓のきっかけ作りとしてやる

べきだという考え方があります。ですが、あまり儲からないだけでなく、取っつきやすい営業方法に頼ったものであり、自分が本気で顧客開拓をしない言い訳だと思います。

たとえば、私自身の経験として、診断協会から依頼された銭湯（公衆浴場）の経営状況調査では、年に1回、銭湯に足を運び、経営状況をヒアリングして報告する仕事でしたが、決算書がない個人事業者の確定申告の控えを見ながら収益状況をチェックするだけでした。これでは、次につながる顧客開拓のきっかけにはなりません。

また先輩診断士に紹介された資格学校の講師の仕事は、中小企業診断士の受験講座で、報酬は驚くほど低く、おそらく独立していない企業内診断士がアルバイト感覚で行うものでした。

同様に、専門学校での講師業務も、若者向けの授業であり、顧客開拓には全くつながらず、報酬も低く、発展性に欠けるため、結局は後輩に引き継ぐ形になってしまいました。

このように、中小企業診断士資格があれば、公的支援業務や講師などの仕事ができるものの、これだけに頼っていては「食えるか食えないか」レベルの収入しか得られません。

はじめは、「勉強になるし、経験にもなるし、少しでも報酬が出るし、顧客開拓のきっかけにもなる」と思って取り組むかもしれません。ですが、多少なりとも勉強にはなるのでやること自体は否定をしませんが、これらは事業につながるものにはなり得ませんし、「年収1億」には到底つながりません。

クライアントはこちらが選ぶ

中小企業診断士として独立開業する際、**狙うべきクライアントは自分がターゲットとする業種、エリア、規模、経営テーマなどで明確に絞り込むべき**です。

はじめは、「どんな企業でもいい」と考えてしまいがちですが、そうしてしまうと長期的に続く顧客関係が築けず、自分の強みも十分に発揮できません。

たとえば、仕事を獲得するために、人脈作りを目的とした異業種交流会に参加したり、紹介を頼んだりする人がいます。私も実際、怪しい異業種交流会に参加してマルチ商法に引っ掛かりそうになったこともあります。


ＪＣ（青年会議所）に入会している知り合いの経営者から「ＪＣは会費が高いから法人会に入れ」と言われて、青年部などのイベントに参加したりもしました。

しかし、仕事目当て、人脈目当てで来ているのがバレバレで、名刺交換だけして終わってしまい人脈なんてできません。


仮に意気投合して仲良くなったとしても、友人感覚になってしまい、こちらを「先生」「経営コンサルタント」として認識せず、お友達価格を期待してくるのです。

そこから紹介で仕事が増えても同じようなことになります。本来、クライアントを紹介されるのは、とても有効な営業ルートなのですが、このようなケースでは紹介価格を期待されてしまいます。

中小企業診断士が民間企業相手に経営コンサルティングをする際には、「先生」として一定のリスペクトを持ってもらう必要があります。便利屋のような扱いになってしまうと、何をアドバイスしても受け入れてもらいにくいわけです。目先の売上にはなっても、そのようなクライアントを増やしてしまっては、自分の限られたリソースを無駄遣いすることになるのです。

私自身も便利屋的な仕事や頼まれたことは何でもやってきました。社長との飲みやゴルフにも一緒に行きました。顧客の紹介もしてもらい、創業時に大変お世話になりましたが、そこから先の発展性はありませんでした。

クライアントはこちらが選ばないといけないのです。

狙った企業、狙ったゾーンにこちらから営業をかけることで継続的かつ発展性のある関係が築けるのです。

自分を客体化する売り物を用意する

いよいよ本格的な営業のフェーズに入ります。営業が苦手という中小企業診断士も多く、「営業しなくていいからこの資格を取った」という人も少なくありません。

私も経営コンサルティング会社に「営業しなくても済む」というイメージで入社した経験があります。しかし、実際のところ、独立して成功するためには自分自身が営業の現場に立たなければなりません。

まず、日本人（国籍は違っても、日本的な文化に慣れ親しんだ人も含む）は、自分を褒めるのが苦手です。中小企業診断士として仕事をする場合、売り物は「自分自身」です。

自分の価値をしっかりアピールし、「先生」としてリスペクトを得ることが、仕事を受注するためには必須です。独立直後は看板や実績、紹介がないため、自分を売り込むハードルは非常に高いのです。

そして、日本人は謙虚で、照れ屋で、真面目なので、自分のことを持ち上げるプレゼンテーションが苦手です。それが普通なのです。


それを恥ずかし気もなくできるのが、営業の達人です。営業の世界でよく言う「自分を売り込む」ことができる人です。この人たちは普通の人ではありません。

普通の人は、商品（モノ）は売り込めるけれども、自分を売り込むことができません。


中小企業診断士の営業が難しいのは、売り込むモノがなく、自分を売り込むしかないところです。

謙虚で照れ屋で真面目な中小企業診断士は、見込先企業の経営者から「顧問料が税理士さんや弁護士さんより高いですね」と言われたら、「確かに」と思ってしまって、反論できないのです。

そこでおすすめなのが**自分を客体化する「売り物（商品）」を用意すること**です。

単なる仕入商品ではなく、自分の考えや経営の見識、中小企業診断士としての提案が込められている必要があります。自分の考えやコンサルティング内容を具現化するモノ（商品）にするべきなのです。

私の場合、最初に作った売り物（商品）は、人材採用のパンフレットです。なぜ採用パンフレットかというと、私が採用のコンサルティングをしていたからです。

1991年に私が会社を立ち上げた時は、バブル崩壊直後であったものの、まだバブルの余韻が残っていました。多くの中小企業はバブル期に人材を大手に持っていかれ採用に苦労しました。多少景気が悪くなり、大手企業が採用を絞る中で、むしろ中小企業にとっては採用のチャンスとなっていたのです。

私は20代で、学生との世代ギャップもなく、新卒採用のお手伝いはやりやすかったのです。ところが、多くの中小企業は会社案内のパンフレットを持っておらず、会社概要や募集要項をワープロで作成してプリントアウトしたものを学生に渡していました。これでは、学生も魅力を感じることができません。

「ちゃんとカラーで印刷した会社案内を作りませんか」と提案すると、当時でもデザインやコピーライティングの制作費と印刷費で100万円から200万円ほどかかり、企業にとっては高すぎるという理由で断られてしまいました。

そこで私は、もし、費用をかけるのであれば、媒体費に回して学生への認知度向上に使いたいと考え、制作会社や印刷会社と交渉し、結果、Low Cost MVP（Most Valuable Printing）と名付けた標準パックを作り上げました。

Low Cost MVP（Most Valuable Printing）とは、私が採用コンサルティングの現場で生み出した、低コストでありながら高品質な採用用パンフレットの規格です。

具体的には、A4サイズ4ページ（実質A3二つ折り）にポケットを付けて、ロゴ入りのレターヘッド（色を入れた紙）をセットにしたもので、1000部を48万円で制作できる仕様になっています。

この規格は、仕様が統一されているため、制作会社との打ち合わせ費用を大幅に削減できます。当時は簡単に綺麗な写真を撮れる時代ではなかったため、プロのカメラマンによる一日だけの撮影を行い、私自身が文章を書くことでライター代を節約しました。

またページ数が限られているため、追加情報はワープロで作成した文書を綺麗に印刷し、ロゴ付きのレターヘッドにコピーして、あたかもカラー印刷したかのように見せかけて、ポケットに挟んで渡す形式です。

単なる折りたたみだけではチープに見えてしまうので、標準仕様としてポケットを設け、印刷会社に専用の型を使い回してもらうことで、コストダウンを実現しました。

これにより、通常なら100万円程度かかるパンフレットを半値で仕上げることができ、カラー写真による見映えも良く、採用だけでなく会社案内などにも活用できるツールとなりました。


このLow Cost MVP自体が、私の採用コンサルティングにおけるノウハウと知見を凝縮した「商品」として位置づけられます。

つまり、私自身を単に売り込むのではなく、このLow Cost MVPという具体的な商品を通じて、自分の考えや実績、コンサルティング力を顧客に伝えるのです。

これにより、顧客に「長尾という中小企業診断士は、採用に関して豊富な知識と実績がある」と感じてもらうことができます。

また、調子に乗り、後に採用用のビデオ（動画版）も制作会社と協力して標準パッケージ化し、販売するに至りました。単なる商品販売ではなく、この売り物が直接コンサルティング受注につながることで、営業が格段にしやすくなったのです。

営業力が高まったから売れたのではなく、売り物を自分自身から、具体的なノウハウと実績を持った「商品」に切り替えたからこそ売れたと言えます。

客体化した売り物があれば社員を雇いやすくなる

この客体化した売り物があれば、自分自身だけでなく、雇った社員も容易に営業ができるようになります。

中小企業診断士として稼ぐためには、限られた「時間」というリソースを有効活用することが不可欠です。自分のノウハウや考えを凝縮した売り物であれば、直接自分が営業に回らなくても、社員がその商品を売ることができます。

ただし、自分より営業ができる社員を雇うのは簡単なことではありません。

もし、自分以上のコンサルティング能力を持った社員がきてくれたら助かりますが、自分の存在意義が薄れてしまう懸念もあります。結果、社員を雇っても、十分な成果や受注が得られず、売上が伸びずに、経費だけがかさんでしまう事態に陥るのです。

この問題を解決するためには、**自分自身のノウハウをパッケージ化（客体化）した「売り物」が必要**です。これこそが、中小企業診断士が組織的に事業を拡大し、経営コンサルティング業というビジネスモデルを確立するための根幹となるのです。

社員が営業活動をしてくれるようになると、中小企業診断士本人が持つ「一日24時間」の制約を超えて、売上や利益が飛躍的に向上します。

もちろん、採用した社員にいきなり経営コンサルティングをやってもらうのは難しく、コンサルティング案件を受注してもらうのも難易度が高いです。何しろコンサルタティングは目に見えず、その効果は実際にやってみないと分からないものですから、その価値を伝えるにはそれなりの力量が求められます。

しかし、社員がいれば、彼らが社長（中小企業診断士本人）を褒めて持ち上げることができます。**自分のことを褒めるのは難しいですが、他人のことなら日本人でも褒めることができます。**

たとえば、社員が提案先や見込先に対して、「うちの代表はまだ若いですが、前職で○○○という仕事を通じて実績をあげ、もちろん中小企業診断士の資格も保有しております。御社の△△△という問題に対してもきっとお役に立てるはずです」といった具合に社長の実績や能力を強調して伝えるのです。

そして、その社員が同行してクロージングのアポイントを取ってくれれば、営業活動もスムーズになります。

ティーアップされた球を打つのは簡単です。自分で自分を持ち上げるのではなく、先に社員に持ち上げてもらっておいて登場すれば、相手はそういう「先生」が来たと思ってくれるので、そもそも提案の立ち位置が違います。

この仕組みこそ社員を雇う価値であり、自分の一日24時間という制約を超えて、営業活動を可能にする秘訣です。

この営業社員と中小企業診断士本人がうまく連携できるようになれば、売上も安定し、仕事が増えれば追加で人を雇うこともでき、そして、知り合いの中小企業診断士に仕事を振ることもできるようになるのです。**他の中小企業診断士から仕事をもらおうとするのではなく、仕事を回したり振ったりできるようになれば良い**のです。

そして、十分な仕事が確保できれば、中小企業診断士になりたての人や資格取得を目指している人を社員として迎え入れることも可能になり、さらなる事業拡大が期待できるのです。

クライアントが増えても営業活動は継続するべし

売り物も売れるようになり、経営コンサルティング案件や顧問契約が増え始めると、次に、**「消化工数の不足」という壁**が現れます。クライアントの指導やコンサルティングをこなせる人材が自分ひとりだけでは、いくら営業で案件を獲得しても業務を処理しきれず限界がきてしまいます。

そのため、まずは売り物を拡充して、自分の工数や時間というリソースを使わなくても売上が上がる仕組みを作り上げる必要があります。

同時に、クライアントの指導ができる人材を新たに採用、育成していかなければなりません（新たな人材を雇ってコンサルティングを行う方法については、第6章で詳しく解説します）。

しかし、この「消化工数の壁」は、営業の壁よりも高いため、社員の採用や育成を控えて、自分ひとりで何とかこなそうとする傾向があります。ですが、ここで新規開拓の営業活動を止めてはいけません。クライアントが減少する可能性もあるうえ、**場合によってはこちらから依頼を断り、よりレベルの高いテーマやクライアントにシフトしていく必要があるからです。**

会社としてのレベルアップや成長を目指さなければ、すでに雇っている社員にとっての成長機会や活躍の場が奪われ、結局は一人のオーナー中小企業診断士の稼働率を上げるための駒のような存在に固定されてしまいます。

そうなれば、優秀な人材から辞めていき、やがてまた「一人親方」に逆戻りする恐れがあるので、ここで停滞しないように気をつけましょう。

経営コンサルタントの優位性とは何か

一般的に、経営コンサルタントに求められる要件は、**「地頭が良い」「論理的思考力がある」「知識や情報が豊富」**という3つの条件が挙げられます。中小企業診断士も、経営コンサルティング業務を行ううえで、同様だと考えて良いでしょう。

もちろん、知力が低いよりは優れている方が当然いいですし、論理性も重要です。

図3　経営コンサルタントの優位性はどこにあるか

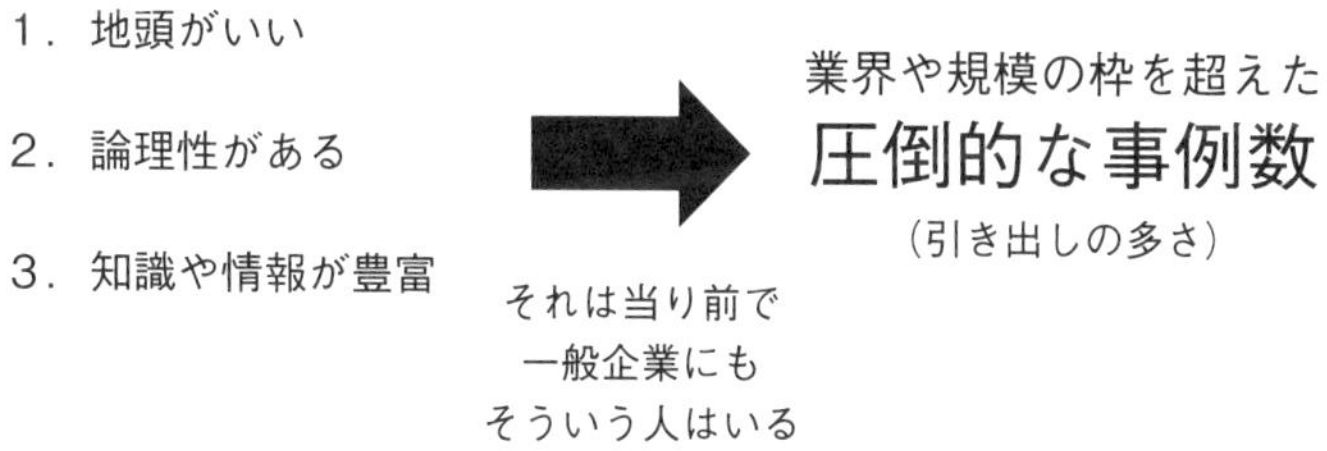
1．地頭がいい
2．論理性がある
3．知識や情報が豊富
それは当り前で
一般企業にも
そういう人はいる
業界や規模の枠を超えた
圧倒的な事例数
（引き出しの多さ）

問題が生じた際にはその原因を紐解き、複数の改善策を積み上げていく論理的なアプローチが求められるからです。また、「先生」として高いフィーをいただくわけですから、一般の人以上にしっかりと勉強し、知識や情報を蓄えておく必要があります。

しかし、この3条件は必要条件であっても十分条件ではありません。世の中の一般企業にも、地頭が良く、論理的で、豊富な知識を持つ人はたくさん存在するからです。

中小企業診断士の試験では、知識量は測れたとしても、地頭が良いかどうかや論理性があるのかどうかは十分に評価できません。あまりに論理的に考えることができないと二次試験で苦戦することはあるでしょうが、二次試験に合格したとしても論理的思考力が高いとは言えません。

また中小企業診断士として、経営全般の知識をつけたとしても、目の前のクライアント企業や業界慣行、関連法制や細かい作業手順などはその会社の人の方が詳しく理解しているものです。

では、経営コンサルタントの本当の要件、真の優位性とは何か。

それは、圧倒的な事例の蓄積にあります。

あの会社ではこうだった。この会社でもこうだった。あの業界ではこういうことをやっている。この業界でもこういうことをやっている。だから御社でもこういうことを考えてみるべきだ。もしくは、御社ではそれ以外の道を探るべきだ。といった事例の引き出しを豊富に持っていることが、経営コンサルタントの根源的なアドバンテージです。

これは一般の事業会社や、企業経営に踏み込まない法人営業では決して得られない知見なのです。

この豊富な事例の引き出しを増やし続けるために、何より重要なのが新規開拓営業です。今まで取り組んだことのない業界のクライアントを獲得することで、新たな事例が蓄積され、自分の頭の中にある事例の引き出しがさらに充実していきます。

これにより、経営コンサルタントとしての価値が一層高まり、クライアントへの提案もより具体的で説得力のあるものになるのです。

良い仕事をすればするほど事例が増えない!?

この優位性を獲得しようとしても、従来の時間の切り売りや顧問契約という経営コンサルティングのビジネスモデルでは限界があると言えます。なぜなら、どんなに良い仕事をしても、必ずしも新たな事例が蓄積されるとは限らず、**事例の引き出しが十分に増えないというジレンマに直面するから**です。

私は25歳で起業し、26歳で中小企業診断士の資格を取得しました。30歳になる頃には、定期的に訪問する顧問先（便宜上、顧問先としておきます）も増え、オフィスを拡大し、社員も雇って新規開拓営業もさせるなど、それなりに忙しくなってきました。しかし、研修などのスポット仕事は増やせても、顧問先をさらに増やすのは難しい状況になりました。

経営が安定しているように見えるかもしれませんが、当時の私はまだ30歳で、経営コンサルタントとしての実力も十分ではなく、経験に基づく事例の蓄積も限られていました。そして、何より自分が社長であるため、私を指導してくれる先輩もおらず、自分自身で解決策を見出すしかなかったのです。

顧問先が契約を切ってくれたら、また新規のクライアントとの出会いを作ることも可能だったのですが、契約が切られないために良い仕事をするよう努めてきました。

結果、ずっと継続です。各顧問先のことをどんどん詳しく知るようになり、社長はもちろん、社員さんとも顔見知りになり、訪問すれば「先生、先生」と迎えてくれるようになりました。

その会社の状況は十分理解できていたし、同じような議題やテーマの繰り返しだったのでコンサルティングの訪問前準備もほとんど必要なくなりました。


経営は安定し、生活に十分な収入を得ることができ、契約を切られる心配もなくなりました。しかし、そうした状態が自分自身の経営コンサルタント、中小企業診断士としての力量向上につながらないのではないか、と悩みました。

経営コンサルタントでもあり中小企業診断士でもある大先輩（師匠）に、こう相談しました。「自分としては顧問先にあまりお役に立てていない気がするのですが、社長とも親しくなっているので、契約を切りたくても切れないだけなのではないでしょうか」と。

その大先輩に、「役に立たないコンサルタントに報酬を払い続けるほど経営者は甘くないよ」と言われて、若き日の私は多少安堵したものの、結果として事例が増えず、自分自身のレベルアップにつながる機会がないという現状に変わりはありませんでした。

長期契約によって経営が安定している状態は、一見安心材料かもしれません。

しかし、**その安定に甘んじると、新規の事例が増えず、経営コンサルタントとしてのアドバンテージを作っていけない**のです。

もし、年金をもらいながら、セカンドキャリアとして中小企業診断士の仕事に従事する状況であれば、そのまま安住してもいいかもしれません。

しかし、20代、30代、40代、50代の場合はそういうわけにはいきませんし、還暦になってもまだまだ伸びしろはあるでしょう。新しい事例があった方が良いのは間違いありません。

継続的に新規開拓営業を行い、新しい事例に触れる機会を創出することは、単に経営を安定させるためだけでなく、経営コンサルタントの優位性を確保するうえでも重要なことなのです。

第4章

中小企業診断士として成功するためのポイント

中小企業診断士の成功要因とは

中小企業診断士であろうと、経営コンサルタントであろうと成功の要因はシンプルです。それは、**「良いクライアントに出会うこと」**です。

私も、初めてこの話を聞いた時、正直、肩透かしを食らったような衝撃があり、腰が抜けそうになりました。多くの人は、「それはコンサルティングの実力じゃないのでは？」とか、「弱くて困っている中小企業を救うのが中小企業診断士の本来の価値では？」と疑問に思うかもしれません。

しかし、良いクライアントに出会うことは、前章で指摘した営業活動の重要性や事例の引き出しを増やす取り組みと直結しており、これが経営コンサルタントの優位性にもつながります。

経営コンサルタントは、単に売上や利益を追求するのではなく、**常により良いクラ**

イアントとの出会いを求めて、新規開拓のチャネルを広げる必要があります。

したがって、クライアントを開拓する際には、新規クライアントを得たいという焦りから、安っぽい提案をしてはいけません。**安い仕事は、安いクライアントを引き寄せることになるから**です。

中小企業診断士は、もともと資金や人材、技術、販売力などが不足している中小企業を支援するための資格です。

そのため、「小さくても」「お金がなくても」「人がいなくても」「商品力がなくても」「技術力がなくても」「販売力がなくても」といった問題が山積みの企業を支援しているのです。

しかし、本当にそれが日本経済にとってプラスなのか、大きな成果につながることなのかを考えてみましょう。

そもそも、あなたはそんなに「ないない」づくしの弱小企業を支援して大きく強い企業に育てるだけの力を持っているのでしょうか？

名監督や名コーチであっても結局は選手の素質次第!?

分かりやすい例として、スポーツの世界に目を向けてみましょう。少し古い話ですが、知名度の高いコーチや監督を3名挙げます。

まず、女子マラソンの金メダリスト、高橋尚子選手を育てた小出義雄監督。残念ながら2019年にお亡くなりになりましたが、誰しもが認める優秀な陸上競技指導者だと思います。シドニーオリンピックで金メダルをとった高橋尚子選手だけでなく、有森裕子選手や鈴木博美選手など多くの有力選手を育てた名監督です。

しかし、それだけの指導力を持った小出監督であっても、教え子の中にオリンピックの金メダリストは高橋尚子選手しかいません。有森裕子選手は銀メダルと銅メダル。鈴木博美選手は、世界陸上では金メダルを取りましたが、オリンピックでのメダルはありません。

どんなに優れた指導者であっても、すべての人をオリンピックの金メダリストにすることはできないのです。

全国から有力選手が集まってきて、さらにその中でも才能を見出して育てて、それでもオリンピックの金メダリストは一人。高橋尚子選手という稀《け》有《う》な才能と選手本人の努力があってこその成果であると言えるでしょう。

指導者の成功要因は、才能を持った選手と出会うことなのです。


次に、毎年のように箱根駅伝で青学旋風を巻き起こしている原晋監督を考えてみましょう。学生が入れ替わる大学駅伝でコンスタントに成果を出す手腕、指導力は素晴らしいと思います。間違いなく優秀な陸上競技指導者でしょう。

しかし、そんな原監督も、青山学院大学ですぐに成果を出せたわけではありません。箱根駅伝への出場までに5年、初優勝までには11年かかっています。

最初のうちは、実績もないのでいくらスカウトしても有力な選手はきてくれません。そんな中で徐々に実績を積み、優勝争いをするようになり、出雲駅伝で優勝するなどして、有力選手も集まるようになったのでしょう。

どんなに優れた大学駅伝の指導者であっても、有力選手が入ってくれないことには成果を出すことはできないのです。

今では多くの有力選手が集まってきますが、選手が4年で卒業していく中で常勝軍団を作り上げているのは、まさに原監督の力量であり、指導者としての優秀さを実証しています。しかし、それでも良い選手との出会いがなければコンスタントな成果を上げるのは難しいと思います。


三人目は、アテネオリンピックと北京オリンピックの2大会連続で、100m平泳ぎ、200m平泳ぎの2冠の金メダリストとなった北島康介選手を育てた平井伯昌コーチです。

東京スイミングセンターの指導員をしている時に、中学2年生の北島康介選手の才能を見出し、金メダリストにまで育てたことは有名で、北島選手が引退した後も、日本代表競泳ヘッドコーチとして萩野公介選手や大橋悠依選手ら金メダリストを育てています。当時、中学2年生の北島康介選手の才能を見出した眼力がすごいですね。

しかし、これも才能に恵まれた北島康介選手という素材に出会ったからこそ発揮できた能力であり、実績です。もちろん、優秀な指導者だったから、北島康介選手を金メダリストにまで育て上げたわけですが、その実績によってまた有力な選手が集まってきて、さらには日本代表のコーチに就任したことで、代表クラスの選手を指導することができたのです。

東洋大学の水泳部の指導もされていて、萩野公介選手や大橋悠依選手は東洋大学の水泳部でしたが、それも北島康介選手を育てた平井伯昌コーチが指導してくれるという評判があってこそではないでしょうか。

この3名の指導者が示すように、**どんなに優れた中小企業診断士であっても、企業が人、モノ、金、技術、経営力、さらには経営者自身の上を目指す意欲や使命感を欠いている場合、その企業を真に素晴らしい会社に変革することはできません。**

スポーツのコーチや監督が選手を支える黒子であるように、中小企業診断士も企業経営者を裏で支える黒子です。表に立つクライアント企業や経営者本人に才能や能力や根性がなければ黒子が頑張っても限界があるのです。

中小企業診断士は、企業経営者と二人三脚です。こちらが急いでスピードを上げても経営者がついてきてくれなければバランスを崩して倒れてしまいます。

過去の私も同様ですが、「中小企業診断士になって、弱くて困っている中小企業を救う」という使命感を持つ人は多いと思いますが、**一人では大事を成せない**ということを忘れないようにしましょう。

もちろん、「そう言われても、自分は弱くて困っている企業を救いたいのだ」という方は自分の信じる道を進まれればよろしいでしょう。それはそれで立派なことだと思いますが、私としては、「それで何社を救えるのですか？」「その企業を救って社会が良くなりますか？」と聞きたいところです。

世界有数のコンサルティング企業も世界を席巻する企業を作れていない

中小企業診断士の成功要因は「良いクライアントに出会うこと」と言われて落胆する必要はありません。

経営コンサルティングの世界で、高い評価をされ、世界的にも有名な会社にマッキンゼーやボストンコンサルティンググループ（ＢＣＧ）があります。

マッキンゼーやＢＣＧには、東大卒やハーバード大に留学してＭＢＡをとったような優秀な人材が集まっていますが、そんな世界的にも有名で、日本においても優秀な人材を集めている経営コンサルティング会社が、日本から世界に羽ばたくような企業を生み出しているでしょうか？

ＢＣＧは、１９６６年に東京オフィスを開設しており、マッキンゼーの日本支社は、１９７１年に開設されています。

すでに60年近く、日本に拠点を置いて、日本企業を指導しています。しかし、彼らに指導されて、世界を席巻するような企業は生まれていないように思います。

トヨタやソニー、ホンダ、パナソニックなどは、彼らが日本に進出してきたころにはすでに海外への足掛かりをつかんでいましたし、それ以降にパッと思いつく日本発の世界企業はありません。

私は、マッキンゼーやＢＣＧの現役コンサルタントや元コンサルタントがテレビやネットで、「日本企業は世界と戦う意識がない」「日本は世界から遅れている」「日本企業は真面目なモノづくりはできるけど付加価値を高めるのが苦手」と、評論するのを見かけると腹が立つことがあります。

「日本を代表する大手企業を指導しているのはマッキンゼーやＢＣＧのような企業ではないのか？」とツッコミたくなります。

もちろん、マッキンゼーやＢＣＧがどこのコンサルティングをしているのか知りませんので、私には見えない隠れた実績はあるかもしれませんが、誰もが知るような成果を上げているとは言い難いのが現実です。

決して、マッキンゼーやＢＣＧを貶めたいわけではなく、一流大学を出て、海外のＭＢＡまで取って、間違いなく優秀な経営コンサルタントだと思うのですが、優秀なコンサルタントだから必ずクライアントを成功に導けるわけではありません。

成功はあくまでもクライアントとの二人三脚で築かれるものです。

だからこそ、良いクライアントに出会う必要があります。そして、その良いクライアントから信頼され、コンサルティング契約してもらえる自分になることが求められます。

さらに、コンサルタントはすべてを抱え込むのではなく、あくまでも黒子やサポート役として、主体である経営者やクライアント企業自身が成長し、伸びるための意欲を引き出す役割を担うべきです。

もし、意欲が低いクライアントと契約して、あれこれ支援しても、労力はかかるのに成果が上がらなければ、結局は「労多くして益少なし」の状態に陥り、自分が疲弊してしまいます。

中小企業診断士は、どんな経営者や企業に対しても万能なスーパーマンではなく、**限られたリソースを効果的に使うためには、支援する相手を選ぶことが重要**なのです。

第5章

前向きなテーマで顧客開拓し、理想のクライアントを見つける

前向きなテーマの例：人材採用・ＩＴ活用・売上アップ・戦略立案

第3章で触れた営業活動の重要性と第4章で説明した成功要因を合わせて考えると、顧客開拓は前向きなテーマで進める必要があると気付くでしょう。

本章では、どのようなテーマで顧客開拓を行うべきか、そして自分が戦うべきテーマや領域をどう確立していくかについて考えていきます。

「良いクライアント」にはさまざまなタイプがありますが、その共通点は、前向きな企業であり、経営者であるということです。これはスポーツ選手に似ています。どんなに才能や体格に恵まれていても、本人にやる気がなければ一流にはなれません。

同じように、どれだけ中小企業診断士が優れた支援や指導をしても、経営者やその企業が主体性を持って前向きに、より良い会社に変革しようという意欲がなければ、思うような成果は得られません。

前向きなテーマとは、企業が、「もっと良い会社にしたい」「より成長していきたい」「もっと強い会社にしたい」と考えた時に必要となるコンサルティングテーマです。

前向きなテーマで顧客開拓して「良いクライアント」にアプローチしましょう。

たとえば、**人材採用**。単に人が定着せずにどんどん辞めて困っているから人を採用したいという会社もありますが、多くの場合、**売上を伸ばそう、仕事が増えて手が回らない、新規事業に取り組みたい、といった前向きな企業姿勢がある時に発生するニーズ**です。

私が起業した時に、最初に取り組んだテーマが人材採用だとご紹介しましたが、バブルが弾けた1991年から90年代中盤くらいまでは、まだ元気な中小企業も多く、それまで中途採用しかしていなかったけれども、大手が採用を手控えている今こそ新卒採用にもチャレンジしたいという前向きな企業が存在したのです。

そのような状況にぴったりと合致したのが、私の新卒採用支援です。私自身がまだ若く、学生と世代ギャップが少なかったことも強みになりました。

新卒採用のテーマは、ある程度の規模と業績が見込める企業がクライアントになってくれるため、採用のためのパンフレットもない企業もあり、挑戦したいという前向きな経営者がいました。


たとえば、IT活用。**ITやインターネットの活用に取り組もうとする企業は前向きな姿勢を持っています。**今だとDXになるでしょう。

私自身の経験で言えば、1993年に日本でインターネットの商用利用が始まった頃、その前後からIT活用をコンサルティングのテーマにしていました。

当時はITという言葉は一般的ではなく、主にパソコン活用というレベルの話で、パソコン自体もまだ普及していない時期でした。そのためパソコン教室のような形で、基本的な使い方を教える活動もしていました。


そんな中、94年の暮れか95年のはじめに、広島でおそらく最も早いタイミングでインターネットを紹介するセミナーを開催しました。まだ光ファイバーが整備されていなかったため、NTTと交渉して、セミナー会場にその日だけ電話線を引き込み、モデムというデジタル信号とアナログ信号の変換器をつないでインターネットの実演をしました。

このように、**新しいテーマに関心を持ち、集まってくれる企業や経営者は、当然前向きな人たちで、会社をさらに良くしたいと考えています。**

その後も、ＩＴ活用やＤＸなどのテーマで顧客開拓を続けていく中で、常に前向きな姿勢を持つ企業と出会うことができました。逆に、「今のままでいい」「デジタルとかよく分からないことはしたくない」といった後ろ向きな経営者はセミナーにすらきません。

他には、**売上アップも前向きなテーマ**です。ほとんどの経営者は、売上を伸ばしたいと考えていますが、実際には「現状維持でいい」「他に問題が山積でそれどころではない」という経営者も少なくありません。**売上アップは、良いクライアントに出会うための確固たるテーマ**であり、営業力やマーケティング力の強化もその一環として捉えられます。

ちなみに、私自身は、ＩＴ活用と売上アップをセットにして、ＩＴ活用による営業力強化を提案しています。２つの前向きなテーマを同時に取り上げているので、当然前向きなクライアントが集まってきます。

戦略立案というテーマにも触れてみましょう。中小企業経営者の中には戦略なんてあまり考えていない、そもそもよく分からないと敬遠する人もいますが、**より高いレベルを目指す経営者には刺さるテーマ**です。

経営戦略や戦略立案といったテーマにすると、反応してくれるクライアントの見込みの数は減るものの、よりレベルの高い、より良いクライアントに出会える確率が上がります。

これらのテーマは、私が実際に取り組んできて、手応えがあり、成果にもつながったテーマです。他には、Ｍ＆Ａなどもこれからは後継者不足もあって必要なテーマになってくると思いますし、組織活性化や人材育成などのテーマも前向きなものですね。

読者の皆さんも、前向きなテーマ設定を考えてみてください。

後ろ向きなテーマの例：資金繰り・銀行対策・補助金助成金支援・リストラ・コストダウン

一方で、後ろ向きなテーマも存在します。中小企業診断士の中には、この後ろ向きなテーマを得意としている人が多いかもしれません。

後ろ向きなテーマとは、企業存亡の危機に関わるものであったり、延命させたり、マイナスを減らす取り組みであったり、自らを弱者として支援を得ようとするものであったりします。

当然ながら、そのようなテーマで顧客開拓をすると、資金繰りに詰まり、借入返済に汲々《きゅうきゅう》として、拡大ではなく縮小を志向する経営者や企業と出会うことが多くなります。

たとえば、**資金繰りや銀行対策**。このテーマは、元銀行員の中小企業診断士が得意とする分野です。実際、元銀行員、銀行勤務中の企業内診断士は中小企業診断士の中でも結構なウェイトを占めています。

しかし、**私の知る限り、資金繰りや銀行対策をきっかけにコンサルティング契約や顧問契約を結び、その後、その企業をグングン成長・発展させたといった事例はほとんど見受けません。**

支援の内容も、経費を削減、借入返済のリスケジュール、債務カットといった、銀行勤務の経験を活かした支援が中心で、確かに切実なニーズはあるものの、その企業を延命させるために返済を遅らせ、最後は借りたものを返さないというのがどうにも釈然としません。

銀行側の事情を理解し、「どうせ貸し倒れで引当ても済んでいるから、少しでも回収できればいい」という理屈で支援しても、銀行にとっては結局、貸したお金が返ってこないのは変わりません。そのお手伝いをすることで、前向きな企業指導、経営コンサルティングにつながるイメージが持てません。

もちろん、顧問契約中のクライアントが、危機に陥り、止むを得ず資金繰り対策や銀行との交渉をお手伝いすることはありますが、そもそもその支援を売りにして新規の顧客を開拓するのは、良いクライアントとの出会いを生みません。

たとえば、**補助金・助成金支援**というテーマですが、これはクライアント指導の入り口としては有効な場合もあります。しかし、主要なテーマとして顧客開拓を進めると、良いクライアントとの出会いにはつながりにくいでしょう。

もちろん、補助金・助成金を受給できれば、それは企業のメリットにもなります。**中小企業診断士は国の中小企業支援施策を推進するための資格**でもあります。

そのお手伝いをすることは筋違いではないですが、「年収1億」への道からも、良いクライアントを獲得する道からも逸れてしまいます。

また、**リストラ・コストダウン**をテーマにする経営コンサルタントは実際に存在します。経営者自身がそのような厳しい決断を下すのは避けたいという心理や、部外者だからこそ社員への情がなく、比較的やりやすいという側面もあるためです。

リストラやコストダウンのお手伝いをして、そこから成長軌道に乗せるという道筋はなくはないのですが、顧客開拓のテーマとしてはどうでしょうか。

企業再生専門のコンサルタントもいて、私も一緒に仕事をしたことはあります。

しかし、一度破綻《はたん》して株主が変わったりするような、銀行が管理する企業は、言うことを表では聞いてくれるのですが、実際には面従腹背《めんじゅうふくはい》の態度で受け入れないという雰囲気が蔓延《まんえん》していました。

そこを打開して、危機感をバネに再生させるのが腕の見せ所なのですが、良いクライアントと出会うという点では逆行しています。

「困っている会社を助けたい」は本心か

中小企業は、経営資源が不足し大企業と比べて脆弱な存在であるため、「困っている中小企業を助けたい」「弱者を救いたい」といった言葉を発する中小企業診断士がいます。本心ならとても立派なことで、是非多くの中小企業を救っていただきたいと思います。

しかし、そうした言葉は本心ではなく、「大企業を指導するのは無理だから」「中小企業は困っているから支援ニーズがあるだろう」という理由で、あえて弱者支援に特化する選択を正当化しているのではないかと思います。

それでは中小企業診断士のレベルアップにもつながらず、もちろん「年収1億」など夢のまた夢で、**何より、多くの中小企業を支援して日本経済をより良くしていくことにつながらない**と考えています。

確かに、目の前の一社一社のことを考えれば、資金繰りに窮して倒産の危機にある企業を延命すると、経営者には喜ばれるでしょうし、社員の雇用も守られ、取引先へも迷惑をかけずに済むかもしれません。しかし、経営に行き詰まっているということは、社会に価値を創造できていないということです。

顧客に提供した対価である売上や利益よりも経費を多く使っていたり、金融機関から借りたお金も返せず、利息すら払えていないケースもあります。その企業に中小企業診断士の貴重なリソースを投入し、補助金などを使えば税金も投入することになりますが、それで得られる成果は少ないでしょう。

実際に経営に苦しんでいる企業経営者が読んだら、怒るようなことを書いていますが、本書は中小企業診断士ならびに中小企業診断士を目指す人たちのための本なので、厳しいことも書いておきます。

日本経済全体を考えれば、いろいろ手を尽くしても経営を改善できず社会に価値を創出できていない企業には退出してもらい、まだ可能性のある、価値を創出し得る企業を支援していくことの方がより価値があると思いませんか。

中小企業診断士という存在が日本の中小企業を支援し日本社会を豊かにすることを目的とするなら、弱者救済には限度があり、リソースはより可能性のある企業に投入すべきだと私は考えます。

良いクライアントに出会う道筋を考えよう

では、**前向きなテーマを活用して、良いクライアントに出会うための方法や道筋**を考えていきましょう。

中小企業診断士は誰しも、良いクライアントに出会いたいと願っています。

しかし、実際にどうやって良いクライアントと接点を持つかは非常に難しい課題です。

なぜなら、優れたクライアントは、他の中小企業診断士や経営コンサルティング会社も狙っており、激しい競争が存在するからです。

このような状況で、良いクライアントに出会うためには、前向きなテーマで顧客開拓に取り組むことはもちろん重要ですが、**さらに自分ならではの独自の内容、切り口、手法を提示すること**が求められます。

独自性を追求する基盤は、第1章で触れた「ドメイン」です。

まずは、自分自身や自社に合った切り口や方向性をしっかりと確立しましょう。

その上で、さらに提案内容においても、オリジナリティを追求することが重要です。

そしてその独自の領域で日本一になることを目指します。

私は、これを「**富士山を目指す**」と言っています。特定の分野や狭い領域でもいいので、「この分野なら自分は日本で一番」「こんなことを提言しているコンサルタントは他にはいない」というものを生み出しましょう。

「いきなり日本一なんて無理だ」と言う人もいるでしょう。その場合、まずは自分の商圏や地元エリアでは一番というものを目指します。まずは、というのは、現時点ではそれでも良いのですが、いずれネット環境やＡＩ技術がさらに進歩し、リアルとバーチャルの境目がなくなったら、地域限定やエリアナンバーワンという効力が薄れていくかもしれません。

したがって、最終的に目指すべきは富士山です。

自分自身が「富士山」になれれば、良いクライアントの方からお声がかかるようになります。**前向きで、新しいことに対する情報収集をきちんとやっている企業だからこそ、富士山を見つけてくれる**のです。

ただし、クライアントから見つけられ、声をかけられるのを待っているだけでは遅いので、営業活動もしっかりやりましょう。富士山があれば、提案力が増しますし、その強みを活かすターゲットに絞って営業活動をすれば効率も上がります。

雇っている社員も営業活動がやりやすくなり、セミナーを開催する時にも、エッジが効いたタイトルや内容で、参加者の関心を引くことができるでしょう。

藤原和博氏に学ぶ大三角形とは

藤原和博さんは、東大を出て、リクルートに入社し、リクルート社フェローを経て、中学校や高校の民間人校長としても活躍された教育評論家で、多くのメディアにも出演されているので、ご存じの方も多いでしょう。

その藤原さんの提唱するキャリアの大三角形という考え方が富士山を目指すうえで参考になります。藤原さんはたくさんの著書も出されているので詳しくはそちらをお読みいただくとして、ポイントをご紹介します。

藤原さんの大三角形理論とは、100人に一人しかいないような希少性を持つことを3ステージ達成すれば100万人に一人の価値を持った逸材になれる（3つのキャリアを掛け算して、1／100×1／100×1／100で、100万分の1の人材になれる）というものです。

いきなり何かの分野で、「日本一」や「100万人に一人」という希少価値を実現するのは、そう簡単なものではありません。そこで、**まずある分野で、100人に一人のレベルを目指します。**これなら頑張ればできそうです。

そして、その100人に一人の分野を3つ持って掛け合わせたら、100万分の1になるわけです。100万分の1のレベルになれば、厳密に「日本一」かは微妙かもしれませんが、1位か2位を争う存在として十分評価されるはずです。

私の場合は、まず中小企業診断士があります。100人に一人よりは少ないかもしれませんが、全国に3万人いるので、これだけでは富士山にはなれません。

そこで、デジタル、IT分野をプラスします。私の会社では自社開発のシステムを

図4　富士山と大三角形

富士山を３つ合わせると、より大きな富士山になる。
ニッチな分野の方が富士山にはなりやすいが、どうしても小さい。
小さな富士山でも３つあれば、相乗効果で大きな富士山にできる。

販売しています。そして、第1章で触れた、孫子の兵法。私は「孫子兵法家」を名乗っていて、孫子の兵法についての著作もあります。

この3つを掛け合わせると「中小企業診断士×デジタル×孫子」となり、自分で富士山だと認定しています。私は孫子の兵法を使ってデジタル活用を説いて、中小企業診断士としてそれを企業経営に応用させることができます。

このように、3つの分野を掛け合わせて、独自領域を作るのは、誰しもその気になればできることだと思います。マニアックなニッチ分野でも良いのです。

良いクライアントに出会うためには、大三角形を作って富士山になりましょう。

富士山になったらそれを世間に伝えよう【出版編】

富士山になれば、良いクライアントから自然と声がかかるようにはなるのですが、見つけてもらいやすくするためにも、自分から発信する必要があります。

まず、**挑戦すべきなのが本の出版**です。**出版社から「この人はこの分野の専門家だ」「他にはないユニークな存在だ」「面白い切り口の提言をする人だ」と認められる必要**があります。

中小企業診断士になった人は本を出したいと考えている人が多いでしょう。

特に、独立開業した中小企業診断士であればなおさらです。

私自身も、起業したのは20代ですから、信頼を勝ち取るためにも、本を出して箔をつけたかったのです。しかし、世間はそう甘くはありませんでした。

皆さんの参考になると思うので、私の経験談をご紹介します。

独立開業して間もなく、『企業診断』を発行している同友館の編集部宛に原稿を送りました。記憶が少々曖昧ですが、本の原稿か雑誌記事の原稿を募集されていたと思います。

私は「中小企業診断士の試験対策や独立開業についての雑誌を出している出版社だから中小企業診断士を応援しているに違いない。きっと20代で起業した自分のことも応援してくれるはずだ」と思い込み、「自分はこんなテーマで本が書ける」とお手紙を書いて、A4、10ページくらいでまとめた原稿を送付したのです。

しかし、何カ月待っても何の返事もなく、仕方なく編集部に電話をかけることにしました。編集部の人が電話に出て、たまたま送った原稿は見てくれていたのですが、「実績もない無名の人の本は出せませんよ」と。

私もせっかく電話までかけたので、「最初はみんな実績なんてありませんよね」と食い下がりましたが、「このテーマでは無理ですね」と。今、考えると恥ずかしい限りですが、送った原稿の内容が、「企業を変えるにはまず組織風土を変えていかなければならない」みたいな、まさに誰でも書けそうな内容でした。

「内容がダメなわけではなく、こういうありきたりな内容はその道の大御所で実績もある先生でなければ本にはなりませんよ」と。

私は良いことさえ書けば本を出せると思っていたのです。他の人が言っていない、独自性のある内容を提供できなければならないと気付けました。

発想を変えて、少しでも実績があって、他にはない内容を追求した結果『小さな会社が新卒5名を確実に採用する本』を出版するに至りました。対象を小さな会社に絞り、新卒採用に特化した内容で、具体的な書式やLow Cost MVPなどの実践ノウハウが盛り込まれています。1993年の11月に出版されたものの、バブル崩壊の影響で採用ノウハウ本は売れず、初版で絶版の憂き目に遭いました。

この本は、かんき出版から刊行されたのですが、かんき出版の本の目録に「本にしたい原稿を募集」といった案内が書かれているのを見つけ、企画書を送付しました。

2、3カ月が経過し、編集長から「興味があるので、東京に来ることがあったら一度お会いしましょう」というお手紙が届きました。

当時、私は広島にいたので、東京に全く用事はなかったのですが、すぐに「ちょうど東京出張があります」と嘘をつき、もみじ饅頭を手土産に上京しました。

編集長に必死に自分の実績を訴え、広島に戻ると、すぐにお礼の葉書を送り、ようやく出版が決定。「これで一気に全国区になる！」と、ぬか喜びをしたものです。

しかし、全国の書店に並びはしたものの、初版部数も少なく、主要書店でも1冊しか棚に並ばず、大きな反響もありませんでした。

効果があったのは、営業面です。採用コンサルティングの営業では、自著があることで話がしやすくなりました。本があると富士山（この時は富士山とは言えない状況ですが）であることをアピールしやすくなります。

そして、出版のプロセスを体験し、要領をつかめたので、次はビジネス系の出版社を20社くらいリストアップして、新しい企画書を送りました。

返事が来たのは2通だけで、1通は「今回は残念ながら」という内容、もう1通は「興味があるので、上京する機会があればぜひお会いしましょう」というものでした。

他に用事はありませんでしたが、またもみじ饅頭を持って、実務教育出版に行きました。

そこで『日報で人材を育てる68のヒント』という本を出版しました。当時、日報に関する本を出していたのは、私の他に二人だけでした。

そのほかの書籍は、日報でいかに社員を管理するかという内容でしたが、私は、日報を活用して社員を育てるという全く新しい切り口に挑戦しました。これは、実際に日報を使ったコンサルティングの現場で培ったノウハウを基に、具体的な手法を開示したものです。

この本が意外にも売れ、東京商工会議所からセミナー講師の依頼もきました。

広島の商工会議所には相手にされなかったのですが、**私が本を出版し、世間に自分の存在と専門性を伝えたおかげで、仕事のオファーが得られた**のです。

売れ行きが好調だったため、続編も出そうという話になり、次に出版したのが『営業日報を活性化せよ』です。日報はもともと営業部門で使われることが多いので、そのターゲットに絞った内容にしたのです。

実務教育出版で担当してくれた編集者さんには、その後、何冊も出版してもらい、大変お世話になりました。定年退職され、今は疎遠になってしまいましたが、本を安定的に出版していくためには、出版社よりも編集者との関係性が重要だと思います。

実際のところ、本を出版するには、さまざまなハードルが存在します。

出版社もビジネスであり、今は本が売れない時代と言われているため、出したい本を簡単に採用してもらえるわけではありません。

私は30冊以上出版し、複数の出版社とも縁をいただいてきましたが、それでも出したい本を簡単には出させてくれません。私の知名度がもっと高ければ状況は違うかもしれませんが、なかなかシビアです。


実は本書も、本当は別に出したい企画があり、このところお世話になっているKADOKAWAの編集者さんに企画を相談したところ、「ちょっと、それは……どうですかね」と言われてボツにされ、「じゃあ、こんなのはどう?」と思い付きで話したのが本書です。

正直なところ、中小企業診断士向けに本を出しても私のビジネスに直結するわけではなく、年収を話題に取り上げると敵を作ったり、妬まれたりするリスクがあるため、メリットはあまりありません。

そんな抵抗もしてみたのですが、「いや、これはいけますよ」とその編集者さんが言うものだから、「それなら、還暦になることだしご恩返しと思ってやるか」と思っていたら、編集会議にかけたら「対象者が中小企業診断士に絞られるので……」と言われて初版部数を減らされました（笑）。これが現実です。

とはいえ、中小企業診断士が自分の存在を世間に知らしめるためには、本の出版は非常に大事で、出版社の存在は大変ありがたいのです。大して売れないので大きな金額にはなりませんが印税もくれて、全国の書店に本を並べてくれて、広告も出してくれたりします。


そして何より、**本は強力な営業ツール**になります。自分が勝手にアピールするのではなく、出版社というフィルターを通して、専門家として一定の評価を受けることができます。全く違うレベルの信頼感を得られるのです。

だからこそ、富士山になって、本を出しましょう。出版社に認めてもらえるように大三角形を富士山のように大きく、高くしていくのです。

富士山になったらそれを世間に伝えよう【セミナー編】

富士山としての存在を世間に知ってもらうために、どうしても必要になるのが、セミナーです。セミナーなくして顧客開拓なし、と言っても良いでしょう。

本を出版したらセミナーが開催しやすくなり、「出版記念セミナー」と冠すると集客も良いのですが、本を出すためにもセミナーはやった方が良いのです。

自分自身の富士山ネタが完成し、これならいけると思えるテーマが固まったら、まずセミナーを開催してみましょう。90分から120分程度のセミナーに、自分が訴えたいポイントとこれまで培ってきたメソッドを凝縮して出し切るのです。

セミナーの内容を整理し、レジュメを作成する過程で、富士山ネタの完成度が高まり、論拠が不足している部分や、図を用いて説明した方が分かりやすい部分に気付くことができます。

またセミナータイトルも非常に重要です。インパクトがあり、何を訴えたいのかが一日で分かるものをしっかり考えましょう。

そして、**実際に集客を試みることで、自分の富士山ネタが市場でどの程度評価されるかが明らかになります。**集客が悪い場合は、やはりニーズが少ないと考えざるを得ません。

しかし、集客が悪くてもセミナーを実際に開催して、リアルに受講者の反応を見たら、結構ウケがいいこともあります。集客は良かったけど、実際にセミナーでしゃべってみると反応が薄かった場合は、自分のネタにオリジナリティが少ないか、訴え方が悪いということでしょう。

一度やってうまくいかなくても諦めずに、改善して、関連したテーマでセミナーを開催します。2、3回セミナーをして、それを文字に起こしたらそのまま本の原稿になります。

私もだいたい、この方法でセミナーと本の出版をセットで行っています。

まずセミナーを何度か実施し、集客状況や受講者の反応を見ながら微調整し、本の企画書を作ります。出版後は、出版記念セミナーや増刷記念セミナーを開催することで、さらに自分の「富士山ネタ」の存在感を高めています。

セミナー開催は最高の営業機会

中小企業診断士や経営コンサルタントにとって、セミナーは最高の営業機会です。

普通の営業活動では、相手が黙って90分、120分もの間こちらの話を聞いてくれることはほとんどないからです。

営業活動では、どうしてもヒアリングに多くの時間が割かれてしまいます。

個別の話ができるのは良い点ですが、その分、こちらの考えを伝える時間が不足しがちです。

単にモノを売る営業であれば、こちらが話す時間は短い方が効果的ですが、**我々経営コンサルタントの売り物は「考え」であり、それをしっかり聞いてもらい、理解してもらうことが大切**です。

セミナーは、図やグラフなどを使いながら、じっくりと自分の考えを伝えられる大きな強みがあります。先方の会社に訪問して、アウェイ状態で提案するのではなく、こちらがセッティングしたセミナー会場（場合によってはオンライン）で、こちらの思うような演出をもとにプレゼンテーションをすれば良いのです。

自分が富士山であることを堂々と訴えましょう。受講者の反応がダイレクトに返ってくるリアル会場でのセミナーが一番効果的ですが、最近はオンラインセミナーが多いため、参加者の反応が分かりづらくて少し残念です。

しかし、オンラインセミナーにもメリットがあります。物理的な会場を押さえる必要がなく、会場費がかからず、集客ゼロならそのまま中止にすることもできます。

集客が悪い場合でも、受講者の顔出しをしなければ参加人数が分からないのも、オンラインセミナーの良いところです。

逆に、**集客ができるかどうかあまり心配をせずに、オンラインセミナーを次々と実施してみるのも良い**でしょう。これがリアルセミナーで会場の受講者の数がまばらだと「なんだか人気のない講師だな」と感じますし、納得して聞いている人も、場の雰囲気に引き寄せられて盛り上がらずにしらけてしまうことが多いです。

そして、重要なのは、**営業機会として開催するセミナーを無料ではなく有料にするという点**です。なぜなら、無料セミナーだと、「無料なら」「タダなら聞いてみるか」といった人が引き寄せられてきます。

無料セミナーは、何か別の物を売ろうとしている人や企業が、その物を売るために行う、おまけ（客寄せ）みたいなものです。最初は無料ですが、最終的には有料の商材を案内し売上を立てるのです。

中小企業診断士は物ではなく、「考え」を売るのだから、それを無料で提供するのは、まさにサンプルの無料配布みたいな施策と同じになってしまうのです。

有料セミナーにする以上、受講料以上の価値を提供するセミナーにすることが大切です。また無料セミナーにして、「無料だからこのくらいでいいだろう」と中途半端な内容のセミナーを開催してしまうのは最悪です。

セミナーは最高の営業機会なので、対価をいただきつつ、常に最高のパフォーマンスを目指しましょう。セミナー自体で儲けるつもりでなければ、高い料金設定にする必要はありません。安くても良いのですが、無料と有料の差が大きいので、無料はやめましょう。

セミナーを通じて、こちらの考えやコンセプト、コンサルティング内容をしっかりと伝えることで、クライアントはその内容を十分に理解し納得した上で契約に進むことになります。

経営コンサルティングは形がなく、事前に具体的な成果を見せることが難しいため、やってみないと分からない売り物です。成果は多くの要因に左右され、必ずこうなるとは言えません。期待される成果が低ければ契約には至りませんし、期待される成果が大きければ契約につながります。

過剰な期待を抱かせてしまうと、実際にコンサルティングが始まったときに「話が違う」「思っていた指導とは違った」という齟齬が生まれる可能性があります。

この齟齬を完全にゼロにすることはできませんが、事前にセミナーでこちらの考えや手法をしっかりと伝えておけば、確実にその齟齬を小さくすることができます。

逆に、セミナーにも参加せず、コンサルタントの考えや実績を知らないまま契約を結ぶのは、後々の誤解やトラブルを招く恐れがあります。

そのため、新規クライアントや見込み客が必ずセミナーに参加できるよう、**定期的にセミナーを開催することが重要**なのです。

第6章

デジタルで標準化を実現し、人的リソースを最大化

コンサルティングとは標準化の歴史である

新規顧客開拓のための営業活動に力を入れ、社員を雇って組織として動くことで、良いクライアントに出会い、前向きなテーマで富士山になると、当然ながら、クライアントが増え、仕事が手一杯になります。

ここでまた、時間の切り売り型ビジネスモデルの限界に直面するのです。

社員を雇い、組織的に動くことでキャパシティは広がったものの、人間にはやはり物理的、時間的な制約があるのは避けられません。

この壁を乗り越えるためにまず思い付くのは、大量採用によってキャパシティを増やすか、時間単価を上げるという方法です。しかし、大手コンサルティング会社の実情を見ると、毎年何百人、何千人という単位で大量採用を行うと、必ず質の低下が起こります。

一方、時間単価を高く設定すると、自社の売上や自分の収入は増えますが、高額なコンサルティング料金を支払えない中小企業を支援できなくなります。

そうなると、中小企業診断士としての存在理由を否定することになるため、単価アップには当然限界があります。

これらを解決するには、**コンサルティング・メソッドの標準化を進めるしか道はありません。**一社一社、個別に、ゼロから診断して指導、支援するのではなく、多くの企業に共通する問題や課題に対する対処法などは共通化して、個別の企業にかける手間と時間を減らし、コンサルティングの品質のバラつきをなくしていくべきなのです。

この点について、誤解している人が多く、「一社一社、個別の事情があるのだから、経営者や現場に寄り添い、伴走したい」といった発言を聞くことがありますが、それでは結果的に支援できる企業は数社から十数社に限られ、中小企業診断士自身も十分に稼ぐことができなくなります。

つまり、自社が、ビジネスモデルを戦略的に理解し、効率化できていない状態で、他人の企業を成功に導くことはできないのです。

もし、「自分が稼げるかどうかは二の次で、一社一社個別に支援するのがコンサルタント（中小企業診断士）の使命なんだ」と考える人がいれば、コンサルティングの歴史を学んでほしいと思います。

フレデリック・テイラーが『科学的管理法』を提唱した1911年から始まったとしても、コンサルティングの歴史は100年ちょっとしかありません。

歴史を振り返ると、**コンサルティングは標準化のプロセスを通じて発展してきた**ことがすぐに分かるでしょう。

すべての企業に完全に当てはまるわけではありませんが、多くの企業に共通して、適用できる手法や考え方、対処法が存在するからこそ、経営コンサルタントには優位性が生まれ、コンサルティング事業が成り立ち、未経験のコンサルタントを育成することができるのです。中小企業診断士という資格があって試験問題が作れるのも標準の型、共通する考え方や手法があるからです。

一定規模以上に大きくなった経営コンサルティング会社には、必ずフレームワークやメソッド、マニュアル、成功法則などと呼ばれるものがあって、それをさまざまなクライアントにも当てはめることで成果をあげています。

コンサルティングのフレームワークとして最も有名な、BCGのPPM（プロダクト・ポートフォリオ・マネジメント）は、市場成長率と相対的市場シェアの2軸でマトリックスにして、複数の事業への資源配分を明示する、まさにどこの企業でも当てはまる標準化された型だったから、世界中に広まって、BCG以外のコンサルタントも使うようになったのです。

他にも、SWOT、PEST、3C、4Pといった基本的なものから、経営学者が提唱した、マイケル・ポーターの「ファイブフォース」や「バリュー・チェーン」、イゴール・アンゾフの「成長マトリックス」、ロバート・キャプランとデビッド・ノートンの「BSC・バランストスコアカード」など、これらはすべて多くの企業に共通して使えるから評価されています。

標準化は、個別の企業に合わせてゼロからコンサルティングする手間を省き、属人性を排除して一定のコンサルティング成果を生み出すためのものです。

中小企業診断士が効率的に多くの企業を支援するためには、必ずしも世界で通用するほど洗練されたコンサルティング・メソッドやフレームワークが必要というわけではありません。

大切なのは、**自分なりに事例を蓄積し、標準パターンや汎用手法を構築していくこと**です。これが第3章で指摘した経営コンサルタントの優位性につながるのです。

企業の8割から9割は基本構造が同じ、人間の遺伝子は99・9%同じ

そんなことが本当にできるのかと、まだ懐疑的な人もいるかもしれません。

私自身、企業は業種や規模に関係なく、**基本的な構造は8割から9割程度同じ**だと

考えています。あくまでも私の感覚値ですが、実際はもっと高い割合だと言ってもいいかもしれません。

大企業であれ、中小企業であれ、業種が違っても、基本的な組織構造は非常に似通っています。たとえば、どの企業にも必ず社長がいて、部長、課長が存在し、営業部、総務部、製造部や生産部などの主要な部署が設けられています。

上場企業であれ、未上場・非上場企業であれ、企業の業績は1年を区切りに決算で締め、決算書は、貸借対照表と損益計算書で示されます。上場しているか、上場を目指していると、それに付随して必要な書類が多少増えるくらいで、基本は同じです。

日本国内で事業を行う企業は、通貨は円、言語は日本語、大小で多少の考慮がされていますが、税法、労働法、商法といった法制度も全国で統一されています。

私は、このことを新卒時の新規開拓の飛び込み営業で気付かされました。

どの会社の経営者も「うちの業界は特殊だ」「うちの会社はちょっと変わっている」と自社は他とは違っていることを訴えるのです。

おそらく「うちはコンサルティングできないぞ」という牽制の意味もあったのでしょう。私も最初のうちは「そうなんですね。変わっているんですね」と素直に聞いていました。

しかし、**何社も飛び込んで、多くの経営者の困りごとを聞いているうちに、どこの会社も同じような課題に直面している**ことに気付きました。

もちろん、業種や業態によってビジネスモデルの違いはあるのですが、それは1、2割程度の差であって、基本的な構造はほとんど同じなのです。特殊な業種と称しても、用語が特殊だったり、許認可が必要だったりといった程度の違いに過ぎず、実際に行っていることは大きく変わらないのです。

これは、そもそも経済活動に参加するすべての人間が共通点を持っているという点で説明がつきます。世界中に自分と同じ人間は他にいませんが、人間の遺伝子は約99・9%が共通しており、差は0・1%しかないのです。

考えてみれば、人種が違っても、人間の基本的な体の構造はほぼ共通しています。たとえば、目は2つ、鼻は1つ、口は1つです。必要に応じて、他人の血液を輸血したり、場合によっては臓器も移植できます。基本構造が同じだからこそ、同じ薬が効くし、医者は患者の身体を解剖しなくても病気の状態を把握できるのです。

その同じ人類が集まって、会社という組織を作り、ビジネスをして、1年で決算して業績を競う営みをしていると考えれば、企業の8割から9割は基本構造が同じであることはご理解いただけると思います。

個別に調査・診断して料金を取る必要はない

企業の基本構造が8割程度共通している事実を踏まえれば、企業を診断したりコンサルティングする際に、ゼロから調査する必要はありません。共通する部分はコンサルティング・メソッドやフレームワークとして標準化して、まるで臓器移植やパーツの組み合わせのように微調整しながら適用すれば十分なのです。

これが、コンサルティングの標準化の本質です。**共通部分をフレームワークとして確立できれば、各企業に対する支援が効率化され、個人の力量のばらつきがなくなり、コンサルティング料金を引き下げられる**のです。

ところが、標準化してコンサルティング・メソッドやフレームワークを共有している大手コンサルティング会社が、それによるコンサルティング料金の引き下げをしていないことが問題だと私は考えています。

ちょっと話を聞けば分かることを、データを集めて、細かく分析し、市場調査、競合調査と言って手間をかけ、グラフを綺麗に作って、分厚いレポートを書くのは、無駄ではないでしょうか。

なぜそのような余計な手間や工数をかけるのかといえば、時間フィーによって料金が決まるからです。手間をかけないと高いコンサルティング料金を請求できない。

これが、従来の経営コンサルティングのビジネスモデルの限界です。

調査すると言っても、そこには「だいたいこうだろう」という仮説があって、それを確かめるためのデータを取るわけです。本当に何もないところからデータを集めて……とやっていたら無駄な工数が多過ぎるし、時間がかかって役に立ちません。

仮説を立てるということは、だいたい想定できているわけで、それがベテランの力（経験値・事例の力）なのです。

大手コンサルティング会社のパートナーやマネージャーレベルであれば、営業段階、提案段階でだいたい察しはついていると思います。わざわざデータを集めて分析する必要などないことも多いはずです。

クライアントが大企業の場合であれば、「見たら分かる」では組織としての意思決定の材料にならないので、それを裏付けるためのデータや調査が必要になることは理解できます。

高いコストはかかりますが、結果として大企業の厳しい意思決定プロセスに耐えるためには、必要な投資です。

しかし、**中小企業向けのコンサルティングでは、社長の裁量が大きいため、まず「見**

て分かる」こと、そして話を聞いて察しがつくことが重要です。膨大なデータを収集して分析する必要は必ずしもありません。

社長に直接それをぶつけ、社長自身の考えを引き出し、目指す方向から大きくズレていないかを確認すれば、あとは標準化されたパーツを当てはめて微調整すれば８割から９割の問題は解決するのです。そこに工数をかけて、時間フィーを稼ぐ必要はありません。

何の仕事でも、その道のプロは、パッと見て問題を把握したり、原因に当たりをつけたりするものです。私も還暦を迎え、病院に行くことも増えたのですが、優秀な医者は細かい検査などしなくても患者の状態を見たら病状を当てられるのではないかと思うのです。

その割に、最近は、あれこれ検査され、データを見て、基準に当てはめるばかりで、患者を診ようとしない医者が多くなっているように感じます。検査ばかりされると、保険の点数稼ぎのためなのではないかと思うこともしばしばです。

何を伝えたいのかというと、**圧倒的な事例数が重要**ということです。

だから、中小企業診断士は、新規クライアントをどんどん増やして、より多くのクライアントに対応できるように標準化を進めるべきなのです。そうすれば、自分自身の時間の制約からも抜け出すことができて、結果として収入も増えるのです。

メソッド・フレームワーク・指導内容をデジタル化せよ

私もさまざまな標準化・共通化に取り組んできました。たとえば、前述したLow Cost MVPはその一例で、標準化により、低価格と高い効果を両立させることに成功しました。

紙の日報を活用して人材を育てるというのも、「指導育成日報」「顧客創造日報」といった名称でフォーマットを標準化しました。業種に合わせて数パターンを用意（テンプレート化）し、一冊の本にまとめました。

そして今なら、**メソッド、フレームワーク、指導内容はデジタルに落とし込むべき**

です。なぜなら、クライアントが業務を実行する時は、デジタルツールを使うからです。

今や、経営施策や業務、作業などを進める際には、ほぼ必ず、ＩＴツールやインターネットが利用されます。中小企業診断士がいくら良い提案やアドバイスを行っても、それを実行するクライアントは、必ずそれをデジタルに落とし込むのです。

私自身、アナログ時代からデジタル時代への移行期を体験してきたのでよく分かります。インターネットが登場し、Windows95が発売され、パソコンの普及が始まった１９９５年から２０００年くらいまでがその移行期でしょう。

私は第５章でご紹介したように、１９９５年に『日報で人材を育てる68のヒント』、96年に『営業日報を活性化せよ』という本を出版しました。それによって、紙の日報を使ったコンサルティングの仕事が増え、東京商工会議所からお声がかかったり、本を読んだという全国各地の企業から依頼が入るようになっていました。

紙が主流の時代には、当時Apple の Macintosh パソコンを使って、日報の基本フォーマットはすぐに作成できました。各企業に合わせて少し修正するだけでプリントアウトし納品できるのです。また、日報の書き方やコメントの仕方に関する研修も標準パターンで実施できたのでとても効率的でした。

しかし、パソコンが一般に普及し、状況が一変しました。私は紙の日報のコンサルタントでしたが、パソコンが普及したら、紙の日報の需要はなくなってしまうでしょう。

そこで、私は紙の日報からシステム上の日報にシフトし、デジタル化を推進しました。当初は、一社一社個別にシステムを作っていたのですが、1998年にはパッケージソフト「コンサルティング・パッケージ」を発売しました。

デジタル化によりできることが増え、コンサルティングの内容をどんどん入れ込めるようになりました。

たとえば**先行管理**。特に、商談期間が数カ月かかる案件や物件型の営業の場合、今月急いで頑張っても、その成果はすぐには今月の数字に反映されません。翌月、2カ月先、3カ月先、さらには半年先までの受注予定を追いかけ、長期的な視点で管理する必要があるのです。

アナログ時代には、クライアントは先行管理のためにExcelなどで表を作成していました。一度作ればそれで終わりというものではなく、受注予定時期がズレたり、受注確度が変わったり、案件が消滅したり、新たな案件が追加されたりするため、継続的なメンテナンスが必要となります。

1カ月経てば単純に1カ月分ズラせば良いというものではなく、その都度データを更新し、表全体を作り直す手間がかかるのです。

コンサルタントは口で言うだけなので簡単ですが、それを実践すると手間がかかります。コンサルティング内容を予めデジタル化することで常に最新の先行管理表が作れるのです。

また**顧客ランク別訪問管理**という手法があります。営業担当者が使える時間は限られているため、すべての顧客に均等に訪問していては、フォローし切れない顧客が出てきますし、売上に直結しない顧客に過剰に時間をさいてしまったりするリスクがあります。

そこで、顧客をランク分けし、ランクに応じて、Aランクは月に2回、Bランクは月に1回、Cランクは3カ月に1回訪問するといったルールを決めるわけです。

コンサルタントは「しっかりルールを徹底するように」と指示して終わりです。

これもデジタル日報なら簡単に実現し、ルール通りにアプローチできていない顧客がいれば警告を出してくれるのです。

先行管理も、顧客ランク別訪問管理も、フレームワークやメソッドと言うほどのものではありませんが、言うは易く行うは難しで、あるべき論は言えても実行が難しいものです。

しかし、その指導内容をデジタルに落とし込めば、簡単に管理ができるようになり、コンサルタントが毎月の営業会議でしつこく指導する必要もなくなるのです。

デジタルなら限界費用ゼロで24時間365日フル稼働

メソッド、フレームワーク、指導内容をデジタル化すれば、初期の開発費用・工数はかかりますが、その後、クライアントが増えてもコピーするだけで、限界費用ゼロで仕事を増やせます。

クライアント数が増えるほど、1社当たりのコストが下がり、さらなるクライアント獲得へとつながる、いわゆる善循環を生み出すことが可能となるのです。

アナログ時代には、紙の日報フォーマットを出力するために、用紙代がかかり、プリンタートナーを使い、出力したものを持参したり送付する際にもコストがかかりましたが、デジタル化すれば、クライアントからいただく費用も抑えることができます。

そして、もちろん、中小企業診断士が訪問しなくても、デジタル化された仕組みによってクライアントは効率的に正しいマネジメントを実施できるようになります。

この仕組みはコンサルタントが寝ている間も動き続けて、24時間365日稼働できます。

クライアントの中には、土日が休みではなく、盆や正月が忙しい企業、早朝や夜間に稼働している企業もあります。そうした客先に、コンサルタントが常に付き添い、伴走することなどできません。

しかし、**デジタル化すれば、システムが24時間365日、常にクライアントの業務改善をサポートし続ける仕組みを構築できます。**

生身の中小企業診断士には到底真似のできない圧倒的なパフォーマンスを発揮するのです。

私は、コンサルティング・メソッドのデジタル化は、ローコスト・ハイパフォーマンス・スケーラビリティ（拡張可能性）という3要素を実現するものだと考えています。

1社ごとのコンサルタントや中小企業診断士の稼働時間を大幅に削減しローコスト

化を実現します。デジタルは寝ずに24時間365日フル稼働し、どんな優秀なコンサルタントよりも高いパフォーマンスを発揮します。

そして、それがデジタルで実現される仕組みは、**クライアントが増えても単純にコピーするだけで対応可能**です。今やクラウド経由でサービス提供ができるため、ネット環境さえあれば、日本国内にとどまらず、世界中にサービスを広げることも可能です。

あなたはデジタル化されたコンサルティングツールに対抗できますか？

分身の術でも使えない限り難しいでしょう。ですので、あなたの指導内容、コンサルティング・メソッド、フレームワークをデジタルツールに落とし込みましょう。

デジタルツールはあえて自社内で開発する

デジタルツールの開発は、外注するのではなく、多少時間がかかっても、自社内で開発することをおすすめします。

「自分も社内にもプログラミングをできる人がいない」「自分は経営コンサルタントであってシステム会社になりたいわけではない」といったことを思った人もいるでしょう。

現状のできることだけを見て経営をしても、ビジネスが発展することはありません。クライアントにもそういう指導をするわけにはいかないはずです。できなければ、できる方法を探るのです。

「コンサルが上流で、システムは下流だ」という考え方はもはや時代錯誤です。

ＩＴ企業は、世界中で莫大な利益を上げ、経済だけでなく政治や社会にまで影響を与えています。

たとえば、Google（アルファベット）はその膨大な影響力ゆえに、分割の危機に直面するほどの存在感を持っています。また、今やどの企業にもＤＸが求められており、デジタル活用やデジタル戦略を無視したコンサルティングはもはや通用しません。

経営コンサルタントは、デジタルに精通することが必要不可欠です。

昔はシステム開発も複雑でしたが、**今ならツールも増えていて、クラウドサービスもあるので、簡単にできるはず**です。

コンサルティング・メソッドは自社でシステム化するべきです。

「内製化したら固定費が上がるので、外注を使って変動費化するべき」という理論は、現実のITビジネスの世界では通用しません。

内製化の力を活かして、変化する市場に素早く対応することが、競争の激しいITの世界で戦う鍵となります。

「これがベストだ」と考えるシステムを作る

自社でデジタルツールを開発できたら、それが第3章で述べた自分を客体化した「売り物」になります。自分のノウハウやコンサルティング内容を注入した「売り物」が出来上がるのです。自分をアピールしたり、売り込んだりするのではなく、そのデジタルツールを褒めて、アピールすれば良いのです。

「中小企業診断士は、クライアントの立場に立って中立公平にシステムや業者の選定をするべきで、特定のシステムを推すべきではない」といった主張もありますが、正直なところ、それは机上の空論です。また、クライアントの側も「ＲＦＰ（Request for Proposal・提案依頼書）を書いて業者に提案させて選定すれば良いのだ」という考えもあります。

このような主張は、クライアントとのコンサルティング契約が成立しており、要件に合うシステムが市場に複数存在し、さらに提案するベンダーやＳＩ（クライアントが利用するシステムの要件定義から開発、導入後の運用・保守まで一貫して行うサービス）業者がクライアントに手間をかけても売りたいと思えるほどの予算がある、という前提条件があって初めて成立するものです。

大企業向けのＩＴベンダーやSIer（システム開発や運用などを請け負う事業者）

出身の中小企業診断士はこのようなことを言う人が多いので気を付けましょう。

そもそもコンサルティング契約が成立していなければ、中立公平に選定する立場に立てません。私が述べている、デジタルツールを売り込むようにというのは、新規クライアント開拓時の話です。契約のない状態では、単なる一個人として提案しているだけなので、選定される側に過ぎません。経営コンサルタントはただの人であり、選定される側なのです。

そして、コンサルティング契約が成立したとしても、そのクライアントにピッタリ合うシステムが複数存在するとは限りません。要件の問題や予算の問題もあります。

さらに、決定的なのは、**提案する側のベンダーがＲＦＰに対応した提案準備、提案工数をかけるほど魅力的な（予算の大きい）クライアント（案件）なのかという問題**があります。

受注しても大きい金額にならない案件で、ＲＦＰを出されて、○月○日までに提案してほしいと言われても、ベンダーは「ＷＥＢサイトかパンフレットを見て、自分たちで判断して」と言いたくなります。

大企業の場合、そもそも提案段階で提案費用をもらえるケースもありますが、予算が小さい、中小企業がRFPと言ってしまったら、教科書的には正しい手続きでも、実際のビジネスとして成立しない話だったりします。

余計な手間や工数をかけるのではなく、**自分が「これがベストだ」と考えるシステムを作ってそれを勧めれば良い**のです。

私が提案するのは「コンサルティング・パッケージ」です。私のコンサルティング・ノウハウやメソッドが注入されたデジタルツールです。私が「こういう経営をすべきだ」「こういう業務処理をした方がいい」と考える内容をデジタルで実現したものです。自分がこれが一番いいと思っているので、勧めるのは当然のことです。

なぜなら、私がそのクライアントとコンサルティング契約を結び、実際に指導する際には、必ず同じようなシステムを作るか買うべきだと提言することになるからです。

順番は教科書とは逆になりますが、結論は同じなのです。

「コンサルティング・パッケージ」は私の分身みたいなもので、ノウハウを詰め込んで客体化したものです。私を信じてコンサルティング契約を結ぶなら、私の「コンサルティング・パッケージ」を導入するだろうし、私の考えと合わない別のシステムを使っていて、それを前提としてコンサルティングの依頼をされたら、お断りすることになります。

システムの入れ替えが前提なら、他のシステムが入っていても良いのですが、**私の作った「コンサルティング・パッケージ」を否定する場合、私のコンサルティングそのものを否定することになるので、そもそもコンサルティングが成立しません。**

ここまで言い切れるデジタルツールに落とし込めれば良いのです。

もちろん、最初はそこまで自信が持てるわけではなく、他社のシステムの方が優れていると感じる段階もあるでしょう。その場合は、その実力に見合う価格に設定しましょう。コストパフォーマンスでは負けないと言えれば良いのです。

そして、クライアントの声を聞き、必死に改良して、一番良いものにするのです。

そのためにも、開発は外注ではなく自社開発にすべきです。

システムを改良しようとするときに、その都度、見積りを取ったり、販売数を予測して開発可否を決める会議をしていては、競争に後れをとってしまうからです。

クラウド時代のシステム開発の在り方

現状、多くのシステムがＷＥＢ経由のクラウドサービスとして提供されています。これにより、クライアントは自社でサーバーを購入したり、運用、メンテナンスを行う必要がなくなり、システム導入のハードルが大幅に下がっています。

その反面、**システムを提供する側は、開発費の回収が読みにくくなっています。**クラウドサービスの場合、月額課金が主流となるため、回収スピードが遅く、十分な顧客数を確保する必要があります。

以前であれば、１社ごとに買取り（売切り）で購入してもらえたので、数社に売れればそれで開発費は回収できるといった算段もできましたが、クラウドだとそれができません。

そこで注意すべき点は、たとえ**中小企業診断士が作ったという実績があっても料金設定を高くしない**ことです。

少々高くしても、開発費を一気に回収することは難しく、**コンサルティング・ノウハウが詰め込まれている割に安いくらいの設定にして数を増やした方が、限界費用がゼロというデジタルの力を引き出しやすくなります。**

それによって、新規クライアントが増えれば、それがまたコンサルティング提案をする見込先になるので、その意味でも数が増えた方が良いのです。システム開発会社やパッケージソフト屋さんになりたいわけではないのです。

その時に気を付けないといけないのが、原価計算です。

私も、1999年~2000年頃、ソフトバンクの孫社長がナスダック・ジャパンを旗揚げした時期に、上場を目指して監査法人と契約したのですが、最初に指摘されたのが、システムの原価計算でした。

自社開発の場合、開発原価は開発要員の人件費ですが、それをすべて販管費で落としていたのです。監査法人からは、初期バージョンの仕様が確定するまでは研究開発費として扱い、その後の開発費は資産計上し、償却していくようにとの指摘を受けました。

システム一本当たりの原価は、想定販売数量で割って決めるのです。これらすべてが机上の空論です。

そもそも研究開発費とソフトウェアの資産計上の切り分けが曖昧であり、販売数量を正確に予測することは難しいのです。たとえば、１０００社に販売できると見込んで原価計算したのに、実際には10社しか売れないということが起こると、原価は１００倍になるのです。こんなことでは価格設定にも狂いが生じます。

また実際に困ったのが、急に利益が出始めたことです。

上場を目指して監査法人を導入した結果、ぐんぐん利益が出てきたのです。

しかし、単なる会計上の数字のマジックでした。それまで人件費で経費にしていたものが、資産計上されるようになって、最初のうちは償却がなく資産計上ばかりが増えるために、会計上の利益が増えたのです。

中小企業診断士は在庫を抱えないため、在庫リスクを実感することはほとんどありません。「損益計算書で利益が出ていてもキャッシュが詰まる」というキャッシュフローの教科書に書いてある内容が、クライアントには指導していたのに、自分の会社で起こったのです。

こうしたこともあるので、上場を目指して監査法人でも入れない限り、自社開発であれば原価計算はどんぶり勘定でＯＫです。そのうち資産計上する額と償却する額が同じくらいになるのでほぼ意味がありません。販売予想数量はどれだけやっても正確には読めません。一定期間で償却するようになります。

価格は、原価から考えて設定するのではなく、あくまでも市場を見て、そのシステムの効用や期待できる成果を鑑みて決めるべきです。

そして、忘れてはならないのがスピードです。中小企業診断士のノウハウを注入し、経営コンサルタントのメソッドを凝縮しても、似たようなシステムは他にもあったりするのです。またどんどん新しいツール、技術、デバイスが登場します。つまり、ＩＴ業界のスピード感に合わせる必要があるのです。グローバルＩＴ巨人から見れば、ただの弱小ベンチャーに過ぎません。スピードだけは凌駕する勢いで進めるべきなのです。

したがって、**開発手法は、やってみてダメなら改善し、またやってみるというアジャイル開発を採用**します。企画書や設計書、要件指示書といった書類作成、開発検討会議に時間をかけるなら、実際にコードを書き、プロトタイプを作って見せるべきです。こうしたアプローチが可能なのも、内作による自社開発だからこそです。

開発原価は、人件費で構成されるため、基本的に固定費であって、総額は変わりません。システム（製品）がたくさんあっても、製品ごとの割り振りなどは気にせず、必要な開発をどんどん進めれば良いのです。

クライアントに「中小企業診断士の先生が言うから、高くて使い勝手もイマイチだけど仕方なくこのシステムを使っています」と言わせてはいけないのです。

「先生から指導してもらう内容がすぐに実践できるのに、他のシステムと比べて安くて便利ですね」と言わせたいのです。それで数を増やして、新規クライアントも開拓できたら、さらに安く提供できるようになります。

目指すべきなのは、クライアントから「こんなに安くて便利なシステムを提供してもらってありがとうございます。こんなに安くて先生のところの経営は大丈夫ですか」と感謝され、さらに採算を心配されるくらいの状態です。

そこで、「これでもちゃんと利益は出ていますのでご心配なく」と言って、ビジネスモデルについて教えてあげるのです。デジタルの強みである限界費用ゼロであることも教えてあげるといいでしょう。

ちなみに、**価格を安く設定することにはメリットがありますが、あまりにも低価格にすると、販売事務コスト（郵送や口座引き落としの手数料等）のウェイトが相対的に大きくなり、安さを求めるクライアントばかりを集めるマイナス面もあるので気を付けましょう。**

そして、**値下げはしても個別の値引きはしません。**個別に値引きをすると、口うるさくコストを下げることを求めるクライアントに安く提供し、黙って定価で利用してくれる良いクライアントに相対的に高く提供することになるからです。

問題なのは、値引き販売をすると、こちらが無理して売り込む業者モードになり、クライアントは「買ってやっている」モードになってしまい、その後のコンサルティングがやりにくくなることです。

単なるパッケージソフトの販売やクラウドサービスを提供しているわけではなくて、「コンサルティング・パッケージ」を提供しているので、「安くするなら買ってやる」という姿勢の企業はこちらからお断りする方がいいでしょう。

実例を挙げると、私の会社ではデジタル化、業務改善の第一歩となるグループウェア「NI Collabo」というシステムを提供しています。他社では月額600円から2000円くらいはする機能を、税込み360円で提供しています。元々は、500円だったのですが、機能をどんどん追加しつつ、逆に400円、380円、税別360円、税込み360円と値下げしてきました。

代替するツールと比べて圧倒的に安価であるにもかかわらず、しつこく「高い」「安くならないか」と言ってくる企業に、「では、この価格でいかがでしょう」などと値引きまでして売り込んでいては、「先生」として指導はできません。

正しく、価値や他社との差を理解してくれる企業は、「こんなに安いのにこれだけの機能があってすごいですね」と喜んで値引きも求めずに契約してくれるのです。

リモート・コンサルティングで工数を劇的に削減

さらに踏み込んで独自のビジネスモデルをご紹介します。そもそも私の会社で開発し中小企業に提供しているシステムは、コンサルティング・メソッドの標準化をするためのものです。

これによってクライアントと経営コンサルタントをつないで、わざわざクライアント企業に出向かなくても良いようにしています。

まず、コンサルティングする内容や業務改善する内容を予めシステムに落とし込みます。これによって経営コンサルタントがクライアントを訪問しなくてもコンサルティングが実現します。しかし、企業は人間の集合体で、決めた通り、考えた通りに動いてくれるとは限りません。

そこで、想定通りに稼働せず、うまく運用できていないクライアントに対しては、必要に応じて経営コンサルタントが直接対応する体制を整えています。

システムを提供するだけであれば、その中にコンサルタントのノウハウや中小企業診断士の智恵が凝縮されていても、システム会社やクラウドサービス会社と変わらなくなってしまいます。

しかし、我々は、**必要に応じて経営コンサルタントが電話やWEB会議、リアル訪問などでフォローして、システムだけでは解決できていない問題について対処**します。

必要かどうかの判断はクライアントが実際に困って連絡してきてからでは遅すぎま

す。そこで、私たちは「リモート・コンサルティング・センサー」という機能を導入しています。

これは、コンサルティング・パッケージの稼働状況をモニタリングして（データの中身を見ているのではなく、あくまでもシステムの稼働状況をチェックしているだけです）、問題がありそうな場合には担当コンサルタントにアラートが飛ぶようになっているのです。

自覚症状が出てから病院に行くのではなく、身体に装着したセンサーが異常値を検知したら、自動的に医者に連絡が行き、そのデータを基にしてオンライン診療を受けるというイメージです。

私の会社では、**この仕組みをコンサルティングのセコム方式と呼んでいます。**

警備保障会社が常駐のガードマンを置くのではなく、センサーを設置して必要な時に急行するのと同じビジネスモデルです。

自宅を犯罪から守る最も理想的な方法は、玄関前に24時間365日常駐のガードマ

図５　必要に応じてコンサルタントが対応する　セコム方式

ガードマン
SECOM
セコム・
コントロールセンター
人的制約を排除することで
多くの件数をこなし、
多大な収益を上げられる
必要な時には
急行！
ガードマン派遣業
ではなく
「安全安心提供業」
常駐はしない
低価格で
「安全・安心」
を提供できる
セコム・ホームセキュリティ
コンサルタント
NI CONSULTING
RCSensor
労働集約による人的・時間
的制約を排除することで多
くのクライアント数をこな
し、より大きな収益を上げ
ることができる
必要な時には
コンサルタント
が対応
コンサルタント
派遣業ではなく
「業績UP提供業」
常駐はしない
低価格で
「業績UP」と
「経営体質強化」
を提供できる
CONSULTING
PACKAGE
Remote Consulting Sensor

ンを配置することでしょう。しかし、月に何百万も費用がかかるため現実的ではありません。そこで、費用対効果に優れたセンサー警備システムが開発され、必要な時に急行する仕組みが実現されたのです。

コンサルティング業界も同じことです。経営コンサルタントがずっと常駐していればいつでも相談できていいでしょう。しかし、それで毎月何百万円、何千万円と請求されることになります。

ガードマンが月に一日しか来ないという警備だったらどうでしょう。いない日はどうするのか、という話になります。

だから、リモート・コンサルティング・センサーで感知して、必要な時に経営コンサルタントが対応するようにしているのです。

さらにこれによって、クライアントが支払うコンサルティング費用が安くできます。コンサルティング費用といっても、アラート対応でのアドバイスはシステム利用料に含んでいます。

もちろん、状況によって、「別途、○○という研修を受けるべきだ」や「戦略の見直しをしましょう」といった提案をして、そのサポートを実施する場合には別途費用をいただきますが、基本的には追加費用は発生しません。

コンサルティング・パッケージというシステムと生身の経営コンサルタントを掛け合わせることで、一般的なコンサルティング費用の1／5から1／10程度にコストを抑えることができるのです。

その結果、私の**会社の中小企業診断士や経営コンサルタントは、300社から500社ほどの担当先を持つことができる**のです。**一般的なコンサルティング会社が抱える担当先の20倍から30倍に相当**します。コロナ禍以前は、約10倍程度だったのですが、リモート会議が一気に普及したことで、さらに担当先数を増やすことが可能になりました。

クライアント側は、コンサルティング費用やシステム費用を安く抑えることができて、私の会社では、一般のコンサルティング会社の2、3倍の収益を上げることができるようになるのです。


これを私は、「**コンサルティングの新しいカタチ**」と呼んでいます。これからの時代、コンサルティング業界は、従来のように一社一社定期的に訪問し常駐して支援するモデルから、デジタルツールやクラウドを活用した効率的なモデルへシフトすべきだと考えています。この方が、当然コストも安いし、業務改善効果が高いことは間違いありません。

ちなみに、コロナ禍以降に増えた、経営コンサルタントがクライアント企業に行かずにリモートでコンサル業務を行うモデルとは違います。事前にコンサルティング・パッケージが導入されていて、そこで業務改善をしながら、問題が発生しそうになったらシステムがアラートを発し、その上でリモートでクライアントと面談することになります。

そして、重要なのは、このビジネスモデルは、グローバルに展開する大手ＩＴ企業やネット企業には真似できないという点です。もし単にシステムを開発し、それを安く提供するだけであれば、膨大な開発人員と予算を持つ大手ＩＴ企業には到底太刀打ちできません。

しかし、私たちが構築しているのは、デジタルツールを通じて経営コンサルティング・ノウハウやメソッドを標準化し、生身の人間を掛け合わせた独自のビジネスモデルです。これにより、単なるシステム提供では実現できない、低コストで高品質なサポートが可能になり、他社にはない独自の価値を創出できるのです。

ノーコードは究極のコンサルティングツール

企業には8割から9割の共通部分があり、標準化できるところはシステム化してパッケージ化すれば、24時間365日フル稼働し、属人性も排除でき、しかもコスト削減にもつながります。コンサルティング・パッケージで万全を期しているのですが、標準化が間に合っていない特殊な1～2割の部分については、カバーしきれません。

そこで、威力を発揮するのが、**プログラミングを必要とせず、素人でも簡単にシステムを構築できるノーコードツール**です。

ノーコードとは、文字通りコードを書かない、という意味で、プログラミングの専門知識がなくてもシステムを作れるため、誰でも手軽にデジタルツールを導入・運用できる点が魅力です。「ノープログラミング」と表現する方が直感的に分かりやすいかもしれません。

このノーコードツールは、「コンサルティングの新しいカタチ」を実現する仕掛けとして開発しました。プログラミングの知識がなくても、経営コンサルタントや中小企業診断士がその場で簡単に設定でき、独自の業務ソフト（アプリとも呼べるもの）を迅速に作成できるのです。

今までは「こういうシステムを作るべきだ」とアドバイスするだけだったのに、システム会社や開発要員がいなくても作れるのです。

私自身は、かつてアナログな中小企業診断士であり、アナログな経営コンサルタントでした。システム化やIT、ネット、DXといった話をしても、自分でシステムを作る力は持っていなかったのですが、ノーコードならプログラミングの知識がなくてもシステムが作れるため、かつてのもどかしさを一気に解消できました。

ノーコードツールを開発したときは、コンサルティングの可能性が大きく広がると実感し、とても嬉しかったです。

私の会社では、WEB上のデータベースをノーコードで作れるシステムを提供しています。このツールがあれば、業務改善ができるうえに、パソコンやスマホ・タブレットでも使えて、コンサルティング・パッケージの隙間を埋めるのにとても便利です。

何より重要なのは、**ノーコードツールは、クライアント側の非デジタル人材でも簡単に使える**ことです。ちょっと見本を示し、操作方法を教えれば、動画マニュアルもあるので、すぐに自分たちで業務ソフトが作れるようになります。

デジタル人材が採用できず、ＩＴリテラシーの低さに困っている中小企業にとって、ノーコードツールは非常に有効な解決策です。

ノーコードと似た用語で、ローコードツールがあります。簡易なプログラミングスキルがあれば自分の思うように作れるツールです。

ローコードは、プログラミングができる人が、生産性を上げるために、標準パーツが用意され、工数を削減できるものです。非デジタル人材にとっては、ノーコードが究極のコンサルティングツールであり、中小企業のＤＸを進める救世主です。

システム導入しておくことで、不景気の波にも強くなる

経営コンサルティング業界が景気変動に弱いことはご存じでしょうか。

本来なら厳しい時にこそ出番がやってくるべきですが、景気が悪くなると最初にコストカットされるのがコンサルティング費用や教育費用だと言われています。

余裕のある時は社員の教育ニーズなどもありますが、経営が厳しいと教育どころではなくなります。

このような時にも、コンサルティング・パッケージなら切られることはありません。なぜなら、**クライアントの業務に入り込んで日々仕組みの中で稼働しているから**です。またデジタル活用で効率も良くコストも下がっているので、厳しい時こそ必要なものになるのです。

月々いただいているのはシステム利用料であり、コンサルティング費用を削減しようと思っても対象にはなりません。費用も安いのでカットしても効果はないのです。

普段の経営アドバイスは、多くの場合、わざわざ調査しなくてもすでに分かっていることや常識的な点を無料でお伝えするだけで十分です。

実際、経営上のアドバイスがどんなに価値あるものでも、口頭だと「単なる思い付き」や「雑談の中で出たちょっとしたアイデア」として片付けられてしまう可能性もあります。

そのため、従来のコンサルティングでは、膨大なデータを収集し、詳細に分析した上で、分厚い報告書にまとめるという方法で、その対価を請求してきたのです。

すでに分かっていることにわざわざ多くの時間や手間をかけて料金を請求するのは無駄だという考え方から、経営コンサルティングの内容をシステム化するというアプローチに至ったわけです。

つまり、システム利用料をいただいていれば、基本的なアドバイスは無料で提供しても良いのです。

そのアドバイスを聞いたクライアントの経営者が、「それはいいね。是非やりたいので手伝ってください」と依頼してきた場合に、しっかり工数を見積もってコンサルティング料金を請求しましょう。

実際に人間が稼働する部分は、きちんと対価を得る必要があります。

その労力に見合った適正な料金を設定することで、持続可能なビジネスモデルを確立するのです。

システムがあると販売代理も可能に

コンサルティング・ノウハウやメソッドをシステム化して、クラウドサービスやパッケージソフト、スマホアプリなどにできたら、**ＩＴ業界や事務機器業界の人たちに販売もしてもらえる**ようになります。

自社の社員で営業していた時の何十倍、何百倍の営業パワーを使えるようになるのです。属人化したコンサルティングのままでは、他社の営業担当者に代わりに販売してもらうのは困難です。

しかし、それをシステム化してしまえば、どんなものかを説明できるし、デモンストレーションもできます。お試しで一定期間使ってみることもできるので、販売代理店でも売れるようになるのです。

私自身も、１９９８年にコンサルティング・パッケージを発売してから、ＩＢＭ、

NEC、富士通、東芝、NTT、ソフトバンク、キヤノン、富士フイルム（旧富士ゼロックス）、リコー、大塚商会……と数多くの会社に販売パートナーとして助けてもらいました。

営業面もマンパワーが違うので助かるのですが、サポート面も技術スタッフがいて安心できるわけです。私たちは経営コンサルティング会社であり中小企業診断士ですから、サーバーやパソコンの調達や、ネットワークの敷設や整備などの技術面は自社では対応が難しいのです。そこで、信頼できる販売代理店を見つけることが極めて大切になります。

中小企業向けにおすすめなのは、複合機メーカーおよびその代理店になっている事務機器業界の会社です。

キヤノン、富士フイルムビジネスイノベーション、リコーなど誰もが知る大企業であり、ブランド力もありながら、地方の小さな会社まで入り込んでいるので、コンピューターメーカーとは違った柔軟さや小回りの良さが魅力です。

大手の看板を背負い、充実したサポート部隊を持ち、ITやネットワークにも精通

しています。**ハードウェアの販売や代理店へのフォロー体制も整っているため、デジタル化が進んでいないクライアントには非常に有効なパートナー**となります。

もちろん、何でも扱ってくれるわけではないので、彼らに販売してもらえるシステムを開発し、実績を積んで認めてもらう必要があります。

システム化するとこういった形でも、クライアントを増やしていくことが可能なのです。

客数が多いからこそ社長に「NO」が言える

こうして、クライアント数が中小企業診断士一人の限界を超え、雇った社員の限界も超え、販売代理店の協力を得て、500社、1000社、5000社、1万社まで増加すると、売上全体に占める1社当たりの割合はとても小さいものになります。

クライアントが1000社あれば、各社の割合はわずか0・1%程度になるので、

仮に1社との契約が切れても全体への影響は極めて小さくなります。これにより、「契約が切られるのでは？」という不安にとらわれず、**条件に合わなかったり、価値を見出せないクライアントに「NO」と言える余裕が生まれます。**

中小企業診断士が目指すべきは、単に売上やクライアント数を増やすことではなく、経営者に対して本当に必要な提言をし、場合によっては毅然として「NO」と言える立場を確立することです。

クライアントが、10社程度しかない状況では、各クライアントが収益に占める割合が大きくなり、契約解除を恐れて経営者の意向に迎合してしまいがちです。そうすると、便利屋のような存在になってしまいます。

これではいけません。中小企業診断士が経営者と対等に渡り合い、時には社長の意に反して耳の痛いことも言えるようになるためには、**「これが気に入らないなら契約を切っていただいて結構」という覚悟が必要**です。

そのためにも、クライアント数を増やすことが重要です。

クライアント数を増やすことは、コンサルティングの事例を増やしてコンサルティング力を高めることであり、売上を増やし経営を安定させることであり、クライアントの社長にNOを突きつけられるようになることなのです。

第7章

デジタルと人間が交わる瞬間、ビジネスが一気に加速する

教科書に書いてあることは動画で十分

中小企業診断士のノウハウやコンサルティングの内容を標準化してシステムに落とし込むことで、生身の人間の出番は減り、より多くのクライアントを持つことができます。

システム化することで、経営も安定し、クライアントにはローコストで経営コンサルティングを提供できるのですが、システム化すると、模倣もされやすくなります。

ここからさらに差別化を図って、独自領域を確立し、富士山をより確固たるものにしていきましょう。

競合との差別化を考える時、**実は一番怖いのは、競合相手ではなく動画やＡＩ**です。

まずは、どの会社にも当てはまる教科書的な知識や手法は動画コンテンツにしたり、ＡＩの活用で解決できることはＡＩに置き換えていきましょう。**動画やＡＩに取って**

代わられる前に、自ら取り込んで置き換えるのです。

ネット上で動画コンテンツがいくらでも見られるようになり、ＡＩが進化して簡単に使えるようになれば、教科書レベルのことやネット上に氾濫している程度の知識は、中小企業診断士がわざわざ工数をかけて教える必要はなくなります。

自社のクライアント数が１００社、１０００社、さらには1万社と増えていくと、同じ内容の研修や説明、コンサルティングを何度も繰り返す必要が出てきます。それらを動画やＡＩに置き換えることで、同じ内容を何度も実施する手間を大幅に削減できるのです。

私は、これまでリアルで行っていた研修やコンサルティングの内容を次々と動画コンテンツ化しています。そのために、本社内に撮影スタジオ（と言っても、防音室程度ですが）を設置しました。

これにより、個別のクライアント向けの研修は減りますが、クライアント企業やその社員は、スマホやパソコンを使って、いつでもどこでも、好きな時に、好きなペースで、学習できるようになります。

私自身は、リアルな研修やセミナーで受講者の反応がダイレクトに伝わるライブ感が好きですが、還暦を迎え自分の寿命を考えると、今のうちに動画コンテンツとして情報を蓄積しておくことに大きな意味があると感じています。

また、すでに何年も前から、**私のコンサルティング内容をコンサルティング・パッケージの中に注入して「AI秘書」が私に代わってアドバイスをする仕組みを作っています。**

たとえば、受注確度が高いのに、受注予定日が近づいても、連絡もせず放置状態になっている案件や商談を検知すると、自動的にアラートを通知します。

営業担当者本人に「この案件が放置されているようですが、そろそろアプローチした方が良いのではないですか？」と問いかけ、その上司には、「○○さん担当の案件が、受注確度が高いまま放置されています。次のアクションで行き詰まっているかもしれませんのでアドバイスをお願いします」と通知する仕組みです。

私がコンサルタントとして指導していれば、こうした案件を見つけて指摘するはずです。それを再現するために「ＡＩ秘書」に覚えさせているのです。

これは2世代か3世代前のＡＩブームで登場したエキスパートシステム（特定の問題に対して、専門家のような受け答えをする機械であり、人工知能研究から生まれたコンピューターシステム）のようなものです。

生成ＡＩを使ってサポートする機能も開発しているのですが、自社独自の事情を学習していないと、時折間違ったことを言うこともあります。

現状で一番確実なのはエキスパートの智恵です。経営のエキスパートである中小企業診断士が持つ知見を覚え込ませれば、生身の人間の限界を超えた膨大な情報量をチェックして該当する案件や顧客を探し出し、タイムリーにアドバイスしてくれます。

親しみやすいように「ＡＩ秘書」と言っていますが、実際には「ＡＩコンサルタント」なのです。ＡＩに自分のノウハウや知見を学習させておけば、自分が死んだ後にも永遠に中小企業のお役に立てるのです。動画もたくさん残しておけば、それをＡＩが学習してあたかも本人がしゃべっているようにアドバイスできるでしょう。

個別の知見は、このようにＡＩに落とし込み、世界中で公開されている米国の経営学の論文やコンサルティング会社のノウハウなどは、生成ＡＩが学習すれば、それに基づいて答えてくれます。これらを組み合わせてクライアントをサポートする仕組みにすれば、生身の中小企業診断士がいちいち現場に出向いて、一般論を教える必要はなくなるのです。

自分が実践し、自分が生み出した言葉を使う

すでにネットを検索するだけで、大抵のことは分かる時代であり、そこに通信環境やデバイスの進化で動画コンテンツが加わり、ＡＩまで簡単に使えるようになっています。自分独自の、つまり、自社しか提供していないコンセプトやサービスを生み出して、発信していくことが必要です。

「米国では」「ハーバード大では」「欧州では」といったフレーズを盾にして、他国の事例や学説をそのまま伝えるだけでは、独自性に欠けるコンサルタントになってしまいます。

確かに、米国や欧州で有効な手法や理論も多く存在しますが、あくまでその地域の事例に基づくものであり、日本企業の状況や文化には必ずしもそのまま当てはまるとは限りません。

他者の知見を取り入れることは恥ずべきことではありません。自分なりにブラッシュアップして、実践してみましょう。クライアントにお試しで協力してもらうこともあるでしょうが、何より自社で実践するのが一番です。実際にやってみれば、改善点も見つかるでしょう。そうして**オリジナルなものに昇華させていく**のです。

それができたら、**次に意識したいのが独自のネーミング**です。経営コンサルタントの仕事は、口頭や文章を通じて行われ、物理的な形がありません。そのため、**分かりやすく、印象に残る名前を付けることで、無形の価値を具体的に伝えることが重要**です。

さらに、その名称が本当に独自かどうかを確認するためにも、**商標登録してみましょう**。類似のものがあれば拒絶されます。また、審査を経ることで、他社の商標権を侵害するリスクも回避でき、安心して市場に展開することができます。

私もさまざまな商標登録をしてきました。「顧客創造日報」「Sales Force Assistant」「ネットワーク・アイデンティティ」「ナレッジ・コラボレーション」「コンタクトレス・アプローチ」「リンクソーシング」「省人数経営」「フィードフォワード経営」「Designed Corporation」「孫子兵法家」……。商標権を侵害していると抗議して名前を変えさせたこともあります。**商標権があれば中小企業でも戦うことができる**のです。

コンサルティング・メソッドやフレームワークをシステム化して、クラウドサービスやパッケージソフトとして提供する場合、世に出す前に特許の取得も考えましょう。特許が取得できれば独自性の証明となるだけでなく、他社の特許権を侵害しないための予防措置にもなります。

弁理士の費用や、申請・登録にもお金がかかるため、何でもかんでも商標や特許をとるべきだとは思いませんが、商標や特許があるに越したことはありません。

誰かの採点を前提にしない

中小企業診断士が気を付けるべきなのが、**資格試験で正解にならないアドバイスを恐れない**ことです。

中小企業診断士試験の答案で、独自の用語を書いたら、点はもらえません。どうしてもテキストに書いてあること、世間で広く認められている用語が絶対であるかのように思ってしまいがちです。

経営用語を覚えることが中小企業診断士試験の大前提のようになっており、そこで覚えた用語を使うことが正しいと刷り込まれてしまうのでしょう。

もちろん、中小企業診断士の勉強をしていることは大切なことで、知識を持っておくことは必要ですが、それに引きずられ過ぎるのは良くありません。

目の前の中小企業にとっては、必ずしもそれが正解とは限らないのです。そもそも、正解や常識とされている用語やフレームワークは、何十年も前に生まれたものもあります。何十年も前から提唱され、多くの人が当り前に使うようになっているから試験問題に出てくるのです。そのため、今の時代には合わないこともあります。

誰かに採点されるわけではないので、**自信を持って、堂々と自分のオリジナルの用語を使えば良い**のです。独自のネーミングをして、それをクライアントに説明する。それが商標権や特許権で守られていれば鬼に金棒です。

生身の強さを活かす「リアル・ヒューマン戦略」

独自の手法やシステム、ネーミングが確立され、商標登録や特許取得ができて、それを世間にアピールすることは、同時にその手法や考え方を世間に公開し、模倣されるリスクが発生します。

隠していては、クライアントにアピールできません。しかし、もし隠してアピールしなければ、存在自体がないのと同じです。**むしろ模倣されるくらいの方が良いと割り切ってどんどんアピール**しましょう。


特に、デジタル化すると、システムの動きやカタチが明確に見えるようになるため、模倣されやすくなります。

私が開発したコンサルティング・パッケージも結構真似されました。

模倣する人達は案外大胆で、私の会社のクラウドサービスを契約したり、私にも会いに来たりします。

こちらはクライアントへのフォローだと思って面談して、開発した裏にある考え方や使い方のポイントを説明するのですが、その数カ月後に解約……。せっかく面談までしたのに残念だなと思っていたら、類似のシステムを売り出されていた……なんてことがありました。

デジタルの世界では、アイデアさえ分かれば似たような仕組みを作ることができるのです。Apple の iPhone が登場したら、すぐに Google の Android が出たのを思い出してもらえば分かると思います。

世に出て、それが売れていると分かったら、後出しで作る方は有利ですね。そんなことがデジタルの世界のあちらこちらで起こっているのです。ですが、生身の人間を掛け合わせたサービスはそう簡単に模倣できません。

私の会社のコンサルティング・パッケージ自体は模倣ができても、そこにRCS（リモート・コンサルティング・センサー）機能があって、必要に応じて経営コンサルタントがフォローするという体制までは簡単に真似できません。

中小企業診断士が自分の独自ノウハウをシステム化して提供する際には、**デジタルではできない生身の人間の強みを残しておくことをおすすめ**します。デジタルの世界では、Google や Amazon、Microsoft などのＩＴ巨人には勝てないので、リアルやアナログの世界を少し加味するのです。

ＡＩも同様に、どれだけＡＩが便利になり賢くなっても、ＡＩだけで完結する勝負だと日本企業は勝てません。しかし、そこに生身の人間を関与させると勝負ができるようになるのです。造語ですが、私はこれを「**リアル・ヒューマン戦略**」と呼んでいます。

個人の限界を超えて、無形資産を拡張させる

この章で説明してきた動画やＡＩの活用、商標や特許などの知的財産についての内容は、無形資産の活用の話です。

現代の企業競争は、無形資産によって決定していると言っても過言ではないほど、**無形資産の活用度の違いが企業の明暗を分けています。**

その企業を指導する中小企業診断士が、無形資産を蓄積し活用していなくては話に

ならないでしょう。

無形資産とは、ソフトウェア、デザイン、ノウハウ、知識・技能、ブランド、ビジネスモデル、顧客データ、特許・商標などを指します。少し変わったものだと、企業買収時の買収価格と簿価との差である「のれん代」があります。

なぜ「のれん代」が発生するのかというと、ブランドやノウハウ、顧客データなどの無形資産に金額がついていないために、企業価値の総額から一般的な有形資産を差し引いた差額で表現するしかないからです。

今や商品や製品の機能は均一化してきて、デザインによって差別化し、付加価値を上げる必要があったり、あらゆる商品やサービスにはデジタルの付加サービスや機能が付随していて、そのソフトウェアによって優劣が決まります。

そのソフトウェアの価値は、開発費や外注費によって会計上は資産評価されますが、同じ開発費をかけて作ったソフトウェアでも、できの良さは違いますし、それによってどれだけの利益を創出するかはもっと大きな差があります。その差を評価する物差しがないのです。

中小企業診断士が持っているノウハウやメソッドをシステム化、デジタル化し、動画やAIに展開して、商標権や特許権でその権利を守るといったことは、まさにこの無形資産をどう扱うかという問題なのです。

無形資産をうまく活用するためには、無形資産の特性を知る必要があります。

無形資産は、形（物質）がないので、複製が容易で、持ち運んだり伝えたりする伝搬性が高く、配布しても原本（価値）は残存していて減りません。

模倣されるリスクがあるというマイナス面は、商標や特許で保護するとして、**無形資産をより活用するためには、伝搬性を活かして、一気に多くの人や企業に配布する必要があります。**そこで限界費用がほぼゼロとなるデジタルの力を使いたいわけです。

たとえば、中小企業診断士の頭の中にあるコンサルティング・ノウハウも無形資産です。本人が持っているノウハウを、社員や弟子やクライアントに教えることによって複製ができます。

人間を媒介にして、ノウハウを伝搬しようとすると、時間的・物理的な制約があって、伝搬に時間やコストがかかってしまいます。

ノウハウを複製する相手を一気に増やして、大人数にノウハウを教えようとすると、**人間から人間へのノウハウの複製はどうしても勝手な解釈による変成を避けられず、複製時の劣化が生じてしまいます。**

これが従来の経営コンサルタント養成の限界でもあるのです。人間を媒介にしていては、せっかくの無形資産が十分に活かされないのです。

だから、この複製をデジタルにやらせます。そうすることで、**複製時の劣化を最小限に抑え、伝搬性を飛躍的に高めることができる**のです。

デジタル活用は、無形資産を生むことであり、その無形資産を複製し、限界費用ゼロで拡散させることでもあって、それが大きな成果を生むのです。

これを中小企業診断士も実践して、ノウハウを身につけ、今度はクライアントに対して無形資産活用コンサルティングができるようになると良いと思います。

図６　中小企業診断士が進むべきステップ

数多くの事例に当たる
▼
標準化し共通化する
▼
独自の解決方法を生み出す
▼
システム化・デジタル化
▼
動画化・ＡＩ化
▼
デジタルによる複製・伝搬
▼
コストダウン
▼
リアル・ヒューマンを付加する

クライアント企業の業種や業態は何であれ、競争力の源泉は無形資産にシフトしているので、無形資産の扱いに長けていることはコンサルティングの価値を増大させるでしょう。

そのためにも中小企業診断士が、独自のコンサルティング・メソッドやノウハウを確立し、それをデジタルの力によってより多くの中小企業にローコストで支援できるようになる必要があります。

第8章

中小企業診断士こそが、日本を元気にする

99・7％を占める中小企業を救えないのなら意味がない

私はたまたま日本に生まれた日本人で、日本国（経済産業省）から中小企業診断士という資格を付与された経営コンサルタントです。

会社は日本にあり、クライアントのほとんどは日本企業であり、社員の中には外国人もいますが、社内公用語は日本語です。

そのような立場で世界に向けて発信するためには、まず日本国や日本企業を元気にし、生産性を向上させることが必要不可欠です。

日本という国が活力を失い、経済が低迷していては、どの国の人々も日本から学びたい、または日本のコンサルタントの指導を受けたいとは思わないでしょう。

これは外国人であっても例外ではなく、日本に住み、日本企業を相手にコンサルティングをしているすべての経営コンサルタントに言えることです。

したがって、優秀な人が多いとされる外資系コンサルティング会社にお勤めの人も、**「日本人はダメだ」「日本は遅れている」と批判ばかりせずに、日本のダメなところを改善し、「日本企業はこんなに元気だぞ。日本を見習うべきだ」と世界にアピールしてほしい**のです。

ところが問題は、彼らは日本企業の99・7％を占め、働く人の7割を占める中小企業にコンサルティングサービスを提供することができません。多くの人数と時間を投入するビジネスモデルのため、中小企業にとっては料金が高過ぎて頼みたくても頼めないのです。

したがって、**今こそ、中小企業診断士が99・7％の中小企業を支援するために立ち上がる時**ではないでしょうか。

私自身、30年以上にわたって中小企業診断士として活動していますが、その30年は「失われた30年」と呼ばれています。お恥ずかしい限りですが、力及ばず大した成果が出せておりません。中小企業の数が多過ぎて、私の会社が1社で頑張っても間に合わないのです。

是非、多くの中小企業診断士の皆さんと力を合わせて、日本を元気にしていきたいと思います。

中小企業向けコンサルティング会社も一日当たりでは高単価

外資系や日系の大企業向けコンサルティング会社は専任のプロジェクトチームを編成し常駐で対応するため、たとえ新卒のアソシエイトでも月額数百万円の費用がかかり、プロジェクト全体では月に数千万、場合によっては億超えになるため、中小企業には到底適用できません。

一方で、中小企業向けのコンサルティング会社は、一人のコンサルタントが10社から15社程度を担当し、月に1回の訪問で30~50万円、2回の訪問の場合は50~100万円ほどの費用を請求します。つまり、月々のコンサルティング費用は数十万円程度で済むため、ある程度の規模の中小企業なら負担可能な金額に抑えられます。

しかし、**注意すべきは、時間フィーの観点で見ると、たとえば一日の訪問で月に30万円を20営業日続ければ、合計で600万円**となります。これでは、大企業向けのコンサルティングと同等、またはそれ以上の費用となりうるのです。

さらに**問題なのは、訪問間隔が1カ月も空くこと**です。コンサルタントが訪問して指導し、良いアドバイスをして帰ったとしても、次の訪問までの1カ月でクライアントが元の状態に戻ってしまう可能性があります。

翌月、再び訪問したときには、前回と同じ指導を繰り返すだけになってしまい、実質的な改善が進まない恐れがあります。

これが中小企業向けのコンサルティング会社の限界です。**一日当たりで見たら決して安いわけではなく、さらに訪問間隔が空いて、実効性が落ちてしまう**のです。

私も実際にやっていたやり方なので、間違いありません。

中には「私は月に1回の訪問でも実効性のあるコンサルティングをするので、問題ない」と言う人もいるでしょうが、本当にそうなら、そのコンサルティング契約は短期間で終了してしまいます。

しかし、多くの中小企業向けコンサルティング会社は、コンサルティング契約がずっと継続されることを目指していて、病気が治らない患者が何度も病院に通うことで医者が儲かるかのような話になってしまいがちです。

顧問契約みたいなものだと言えばそれまでですが、決して安いものではなく、経営に余裕のある企業でなければ依頼できないでしょう。

やはり、中小企業診断士が99・7％の中小企業を支援するために立ち上がるべきではないでしょうか。

中小企業診断士は廉価版・劣化版になってはいけない

しかし、中小企業診断士が立ち上がるべきだと言っても、**外資系コンサルティング会社や中小企業向けコンサルティング会社の廉価版になってはいけません。**

それでは優秀な人材が中小企業診断士を目指そうとしなくなり、クライアントに対してよりレベルの高いコンサルティングサービスを提供しようとはならないからです。

クライアント側は「中小企業診断士は安いのだからこんなもの」と考え、中小企業診断士側は「安い費用しかもらっていないからこんな程度で十分」と考えてしまっては、日本企業の経営を革新し生産性を上げていけません。

そうではなく、やり方を変えるのです。経営コンサルティングの歴史はせいぜい100年ちょっとしかありません。時代に合わせて手法や道具を変えればよいのです。第6章、第7章で解説した通り、企業経営の共通部分は標準化できるので、動画やAIを活用して無形資産を大量に伝搬していけば良いのです。そのシステムを作り、デジタルでは対応し切れない部分を中小企業診断士がサポートするビジネスモデルにするのです。それがコンサルティングの新しいカタチです。

そう考えると、中小企業診断士の単価は安過ぎます。少なくとも、中小企業向けコンサルティング会社並みの一日当たり30〜50万円程度はもらうべきです。仮にこれだけの報酬をもらったとしても、必要な時にしかコストは発生しないので、クライアントにとっても安いはずです。

これで、**クライアント側もローコストで経営改善ができ、中小企業診断士側も適正な利益が出て、WIN-WINの関係になる**のです。

そして何より、この新しいカタチであれば、人間の物理的・時間的制約を超えて、より多くの中小企業を救うことができます。それが世のため人のため、日本のためなのです。もっと自信を持って、堂々と儲けていきましょう。

中小企業診断士の価値を高めるのは中小企業診断士自身

私は33年間中小企業診断士として経営コンサルティングを生業とし、還暦を迎えました。中小企業診断士の世界に長くいて残念に思うのは、中小企業診断士自身が自らの価値を下げてしまっていることです。序章で触れたように、ＳＮＳやネット上に中小企業診断士による自身を蔑んだ投稿が散見されます。

中小企業診断士の有資格者がそのように感じ、一部とはいえ中小企業診断士に出会った人がそのような評価をしているという事実があるのならば、それ相応の実態があるのでしょう。

それを変えたくて、本書を書いています。

私が作った会社は、中小企業診断士が設立し、代表を務めている経営コンサルティング会社です。役員も監査役も全員が中小企業診断士です。社員の中にも中小企業診断士が何人もいます。

中小企業診断士に対する評価は私や私の会社の評価に直結する問題です。

他の中小企業診断士の皆さんや、これから中小企業診断士を目指そうとする人たちのためにも、中小企業診断士の評価をより高いものにしていくべきだと思っています。

だから、「中小企業診断士は食えるか食えないか」というレベルの議論をしてもらいたくないのです。

「中小企業診断士は、日本企業の99・7％を占める中小企業の生産性を上げ、日本を元気にしていく価値のある資格で、頑張れば年収1億超えもあるよ」という認識を広げたいのです。

すでに中小企業診断士の方も、これから目指す方も、その方がよいでしょう。**中小企業診断士の価値や評価を高めるのは中小企業診断士自身**です。誰かがやってくれるわけではなく、中小企業診断士協会連合会が広報してくれても資格の認知度が上がるだけで、現実に価値を生んでいなければ評価は高まらないでしょう。

堂々と名刺に〝中小企業診断士〟と入れよう

中小企業診断士の登録を済ませたら、**独立開業している人はもちろん、企業内の人**

も堂々と名刺に中小企業診断士と入れましょう。

「名刺に中小企業診断士と入れているのは地雷」と中傷をする人もいるので、大企業にお勤めの方は、「中小企業」と入るのが恥ずかしいかもしれませんが、経営コンサルティング分野における唯一の国家資格なのです。

「大企業に勤めているのに、なぜ中小企業診断士なんて資格をとったの？」と聞かれたら、**堂々と「経営コンサルティング分野における唯一の国家資格だから」と答えましょう。**

これからの時代、大企業に勤めていても、ずっと安泰とは限りません。リストラもあるでしょう。早期退職を迫られるかもしれません。

仮に定年まで勤められたとしても、人生１００年時代ですから、退職後に5年や10年は仕事をしたくなるはずです。その時、中小企業診断士の価値が高くなっていた方が良いと思いませんか。

若い世代の人でも、今は副業が認められることも多くなっているので、大企業に勤めながら副業で中小企業のコンサルティングができたりもするでしょう。

中小企業にお勤めの方、もしくは中小企業向けに法人営業やサービス提供をしている方は、是非中小企業診断士の資格を取得しましょう。経営的な視点で自社を見直せば、日々の業務にも活かせることがあるでしょうし、社長からアドバイスを求められることもあるかもしれません。

中小企業向けの営業やサービスをしている人であれば、中小企業診断士の効果は抜群です。資格の認知度も上げ、さらに評価も高めていきましょう。

私は、第1章でも述べたように、中小企業診断士の試験に合格したからといって、即、経営コンサルティングの能力が完璧になっているとは考えていません。

6割程度の正答率では不十分だし、企業経営という正解のないテーマなのに正解がある試験で判定するのにも無理があるとも思っています。

しかし、**企業経営における義務教育を修了した**とは言えます。何より広い範囲の試験科目を地道に勉強し続けた克己心の証になると思っています。

1963年に作られた制度の枠にはまったままではいけない

ただし、中小企業診断士が生まれてからすでに60年以上が過ぎていて、その間、日本企業を取り巻く環境も大きく変化し、ITツールやインターネットなどの普及もあり、企業経営の在り方や企業経営を支援する方法も大きく変えていくべきでしょう。

特に、2000年代に入ってから、企業数や働く人の数も減ってきている中で、一時間いくら、一日いくらという報酬だと現実にそぐわないものになっています。

もっと、ITやインターネット、AIなどを活用し、人間の手間を減らして、より効果的な経営改善や生産性向上を実現するべきです。

「中小企業の経営資源の確保を支援し、もつて中小企業の振興に寄与することを目的とする」という1963年に制定された中小企業支援法（制定当時の名称は、中小企業指導法）の目的は忘れないようにしつつ、**その目的を達成するための枠組みや方法**

は柔軟に変えていくべきだと思うのです。

そして、中小企業は弱者であり、税金（補助金・助成金）で支援すると考えるのではなく、中小企業を小さくても元気で稼げる存在にして、納税額を増やそうという支援に変えていきたいものです。

1億稼いで外資系戦略コンサルタントに負けない自信を持とう

経営コンサルティングの世界には、外資系戦略コンサルタントを頂点とするヒエラルキーが存在します。

マッキンゼーやＢＣＧなどの外資系コンサルティング会社の下に日系のコンサルティング会社があり、さらにその中でも戦略系のコンサルタントが上で、業務系のコンサルタントが下といった具合です。

経営コンサルティング会社の人材獲得競争もあって、この序列は就職人気ランキングにも重なっていて、学生向けに会社の序列を解説する書籍があったり、動画がYouTubeに上がっていたりします。

残念なことに、ランキングの中に中小企業診断士が登場することはなく、そもそも中小企業向けの経営コンサルティング会社など相手にされていなかったりもします。

マッキンゼーやBCGのコンサルタントやパートナーの年収は分かりませんが、年収1億もあれば、良い勝負ができるのではないでしょうか。

中小企業診断士の皆さん、年収1億を稼いで、戦略系コンサルタントの年収を超えてコンサルタントのヒエラルキーを崩してしまいましょう。

収入だけがコンサルタントの力量を測る尺度ではありませんが、一つの目安にはなります。1億超えで自信が持てれば、さらに自分のコンサルティングに説得力が増すでしょう。

十分な収入源が確保できたら、ボランティアでコンサルを提供してみよう

自分はお金のために中小企業診断士になったわけでもないし、小さくて弱い中小企業を救うためにコンサルティングをしているから自分の年収はどうでも良いという方もいるでしょう。

その志や使命感は立派であり素晴らしいと思います。

年収1億超えを達成し、外資系戦略コンサルタントも凌駕したと自信が持てたら、自分の報酬を自分が適当だと思う額に下げたら良いと思います。

しかし、コンサルティング料金のダンピングはしないようにお願いします。

将来のあるこれから年収1億を目指そうとする若者の邪魔にならないように安売り競争は止めておきましょう。

コンサルティングの新しいカタチを実践すれば、システムや動画やＡＩで支援する

図７　中小企業診断士のポジション・活動領域

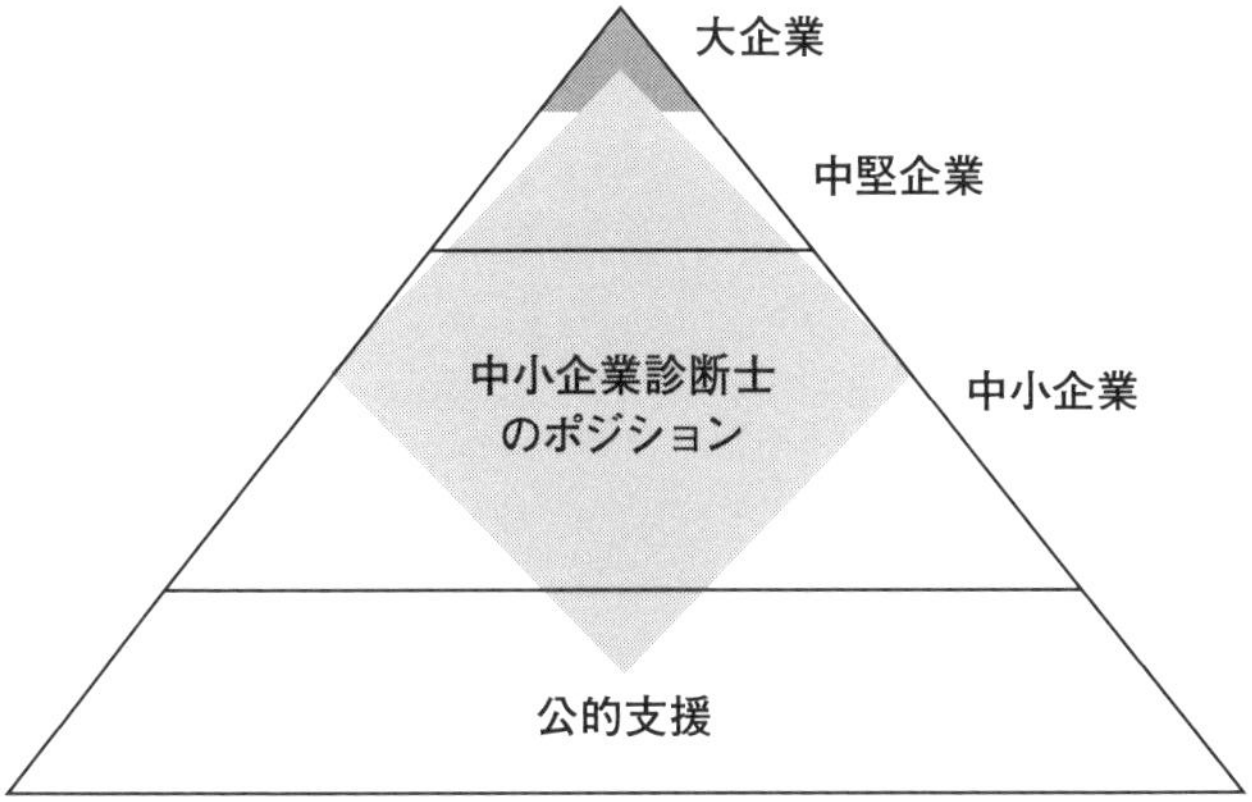

部分は安くできますから、ここは安くしてもＯＫです。しかし人が動く部分のディスカウントは止めましょう。

収入はいらないという方は、自分の会社の経営から離れて配当や年金でそれなりに生活できる状態を作って、いっそタダで指導してあげてはいかがでしょうか。

完全なボランティアです。中小企業診断士が新しいコンサルティングのカタチでローコスト化しても、その料金すら払えない企業や個人事業者はあるでしょう。それなら若い中小企業診断士の邪魔にもならないですし、公的支援とも親和性が高いので、ベテラン中小企業診断士の老後にはピッタリだと思います。

私も、現役でコンサルティングができないようになったら、その道に進んで仙人のように生きたいと思います。それはそれで楽しそうです。

そこまで考えると、中小企業診断士のポジション、活動領域は、図7（233頁）のようになると思います。上は大企業にも食い込んで、中堅・中小企業がボリュームゾーンです。そしてその下に公的支援領域があって、もちろんそこにも中小企業診断士としての役割があります。

終章

新しい経営と組織づくりで、「年収1億」のその先へ

コンサルティングの新しいカタチを作ったら、次は企業経営の新しいカタチを作ることに挑戦してみましょう。

私の会社で試行錯誤をして、新しいカタチを作ってきたので、実際に取り組んでいる内容をご紹介します。

中小企業診断士として経営コンサルティング会社を設立、経営する際にはきっと参考になると思います。

最近では、後継者不足で、同族承継が減り、親族以外の社員などに承継するケースも増えてきましたし、M&Aで売却することも珍しくありません。

そうした同族経営以外の道を検討するクライアントには、企業経営の新しいカタチがおすすめです。

借入過多で、赤字体質の企業では同族であれ社員であれ、承継などしたくないでしょうし、売却するとなれば事業に価値がなければ買い手は現れません。イザという時に困らないよう経営のカタチを変えてあげましょう。

頭を使う時代に欠かせないのは当事者意識

第7章で無形資産が、企業の競争力を左右する時代であると説明をしました。

では、その無形資産を生み出すのは誰でしょう。**ずばり、「人材」**です。

「人」を雇うには、お金が必要ですが、お金を払ったからといって価値のある無形資産を生み出してくれるとは限りません。

給与によって、何時から何時まで、一定の時間、会社の業務を義務的にさせることはできても、そこで新たなアイデアを出したり、センスのいいデザインをしたり、創意工夫するかどうかまではコントロールできません。

「人は会社の財産である」「人材ではなく人財だ」といったことをよく言う経営者がいますが、「人」は会社の所有物ではなく、資産（財産）でもありません。

会社の財産目録である貸借対照表にも「社員」という勘定科目はありません。

その点で「人」は究極の無形資産と言えるかもしれません。しかし、他の無形資産は場合によっては売れますが、「人」は売れません。

最近では、「人的資本経営」なる言葉が流行っていて、人材は資産ではなく、資産を生む資本なのだという議論もあります。ですが、貸借対照表の資本項目に移しても、会社の意のままに動かせるわけではないので、やはりピントがズレています。

「人」は会社の資産でもなければ資本でもありません。**資本を入れ、資産を生み出す「主体」**なのです。「人」が会社を設立し、資本を出資し、資産を手に入れて経済活動をします。

「いやいや、主体は経営者、オーナー、株主であって、社員は雇われているだけ」と思う人もいるでしょう。

それでは、お金で雇っている労働者、従業員としか見ていませんね。

かつて、有形資産と資本力が重要で、「人」はあくまでもそれらを動かすための労働力を提供するだけで良かった時代には、それで通用したのですが、今は、頭を使って無形資産を生み出さなければ勝ち残れません。

頭の中は、他人には見えず、強制的にコントロールしたり監視したりはできないので、あくまでも本人の意思によって動かされるものです。

したがって、**「人」に無形資産を生み出してもらうためには、お金を払うだけでなく、本人の主体性が必要になる**のです。

このことは、頭を使うことを主とする経営コンサルティング会社では当然必要なことであり、一般企業であっても無形資産の重要性が高まれば高まるほど重要です。

主体性を育てる従業員共有型経営へ

社員一人ひとりに当事者意識を持ってもらい、主体的に業務に取り組んでもらうには経営者、オーナー、株主になってもらうことです。

「会社を設立し、資本を出資し、資産を手に入れて経済活動をする主体は従業員ではなく、経営者、オーナー、株主である」という考えがありますが、まさに正解なのです。**主体性を持ってもらうには、経営者、オーナー、株主になってもらうのが一番合理的**です。

そもそも社員一人ひとりは、「ジブン株式会社」の経営者であり自分自身のオーナーです。自分で意思決定して、生きる道を決め、必要な投資をし、報酬を得て生活しているのです。

その上で、自社の株主になってもらいます。少額でも構いませんので購入してもらいます。自分で意思決定し、主体的にリスクを取ることが重要です。したがって、株式報酬やストックオプションとは違います。

従業員共有型経営にシフトするのです。「そんなことできるわけがない」「オーナー社長が納得しない」と思われた方もいるでしょう。ですが、もし上場したら、誰が株主になるかも分からない状態になります。モノ言う株主がやって来るかもしれないので、それと比べたら可愛いものです。

オーナー社長も株を100％手離す必要はありません。まずは3割程度まで譲渡して、特別決議を拒否できるように2／3はオーナーが持っていれば安心でしょう。そこで様子を見て、次に51％ラインまで進めましょう。それなら経営権を取られることはありません。

従業員共有型経営は、株式公開（上場企業）と同族経営（100％オーナー企業）の間をいく、第三の道です。

私は一時は上場を目指していたのですが、今の株式市場を見ていると、あまりに上場のためのコスト（非金銭的を含む）が高く、株主価値に偏重し、買収リスクなどもあって資本調達のメリットよりもデメリットの方が大きいと感じています。

ですが、同族経営も、まさに頭を使って仕事をする経営コンサルティング会社なので、社員の主体性や当事者意識を考えると選択できません。そこで今進んでいるのが、**第三の道、従業員共有型経営**です。

この従業員共有型経営は、資本主義の限界や弊害を乗り越える手法として、ハーバード・ビジネススクールのレベッカ・ヘンダーソンも『資本主義の再構築』という本の中で提唱しているものです。

実際に、**私の会社では、直接の株式保有、従業員持株会を合わせて社員の8割が、株主、オーナーになっています。**強制ではないので、2割程度は株主にならない人もいます。

直接保有している社員は、ベンチャーキャピタルから買い戻したり、外部株主から譲渡してもらったものをその時の時価（純資産価額方式）で買ってくれています。2010年くらいまでは、上場を目指していたので、ベンチャーキャピタルなどへ第三者割当増資をした際に、同じ株価で買ってくれている人もいます。

ちなみに、私も第三者割当増資する際には、必ず同じ株価で投資してきました。自分が買わないような株価で第三者に投資してもらうのは不誠実な気がしたからです。

ベンチャーキャピタルにはファンドの期限があって、買い戻しを要求された際に、投資してもらった株価まで純資産価額を上げて、会社の自社株買いと私や社員で買い取って何とか凌いだこともあって、社員株主も結構いるのです。

私の会社では、給与や賞与からの天引きをした際に、50％の奨励金を支給しています。10万円天引きして持株会に拠出すると、5万円プラスされるわけです。

会社的には福利厚生費になります。拠出限度額は、給与が20万円、賞与が60万円です。給与と賞与を満額拠出すると、奨励金も結構な額になります。

ここで大切なことは、身銭を切っているということです。得な面もあるわけですが、会社が潰れると価値がなくなるリスクがあり、自らの判断でお金を出しています。**まさに主体性であり、当事者意識の素**になるわけです。

社員株主には、自分の判断で株を譲渡したり、持株会を退会する意思決定ができるように、四半期ごとに決算短信を出し、当然株主総会では決算内容を開示しています。

上場企業レベルのものなので、試算表のような細かい勘定科目まで開示するものではありません。

配当性向は、50％に設定しているので、税引後利益の半分は株主に配当されます。従来は私の保有比率が大きかったので、配当は抑えていたのですが、社員の保有割合が増えてきたので、配当性向も上げました。

元々3社のベンチャーキャピタルから出資してもらっていたのですが、ファンド経由だった2社分は買い取って、プロパーで出資してくれていた1社は未だに保有してくれています。配当がいいからです。

会社に出資して利益が出たら、配当が出る。これもまさに当事者ならではです。会社がいくら儲かろうと、利益が出ようと自分に関係ないのでは、当事者意識を持てません。

しかし、利益が出れば配当も出て、配当が出れば純資産も増えていくので、株価も上がることになります（非上場なので相場の変動に左右されることもありません）。これでますます当事者意識が湧き、善循環が回り始めます。

余剰利益還元理論

従業員共有型経営は、株主価値と利益の最大化を目指す上場とも、利益を少なくして節税を狙う同族経営とも違う第三の道なので、利益を最大化するのでも、極小化するのでもなく、適正な利益を確保することを目指します。

そこで、あらかじめ自社が考える適正利益率を設定し、それを超える利益、すなわち、**余剰利益を社会に還元するのが余剰利益還元理論**です。造語なので、試験には出ませんが、剰余金と混同されないように、余剰利益としています。

まず、自社が目指すべき適正な利益率を決めましょう。一般に、上場企業ですら経常利益率は4％程度で、10％あれば優良と言われます。自社の実情に合わせて決めれば良いでしょう。経常利益率でも営業利益率でも構いませんが、先に決めておくことが重要です。

私の会社では、営業利益率20％を適正利益率として設定しています。以前は経常利益率にしていたのですが、借入もなく不動産収入が増えて営業外収益が膨らんでしまったので、より活動実態を示す営業利益に変えました。借入依存度の高い会社の場合には、経常利益率の方が良いと思います。

営業利益率20％も高いと思われるかもしれませんが、普通にビジネスをすれば30％は出ます。上場しているＩＴ企業などで、経常利益率50％といった高収益企業があったりしますが、それだけデジタルは儲かるのです。

私は、それだと少し儲け過ぎだと思うので、20％を基準にして、それよりも利益が出たら還元するし、そもそも20％程度で着地するように儲け過ぎない予算を立てます。

ここがまず、上場ではない第三の道を選択する大事な点です。**とにかく利益を最大化する、前年対比で決して減収減益などあってはならない、となると自分たちがこうあるべきだと考える経営ができなくなります。**

ビジネスには、好不況の波があり、業種、業態による時代の変遷、競合環境の変化

図８　余剰利益還元理論

利益を社会に還元するから、また利益が増える＝「善循環」。

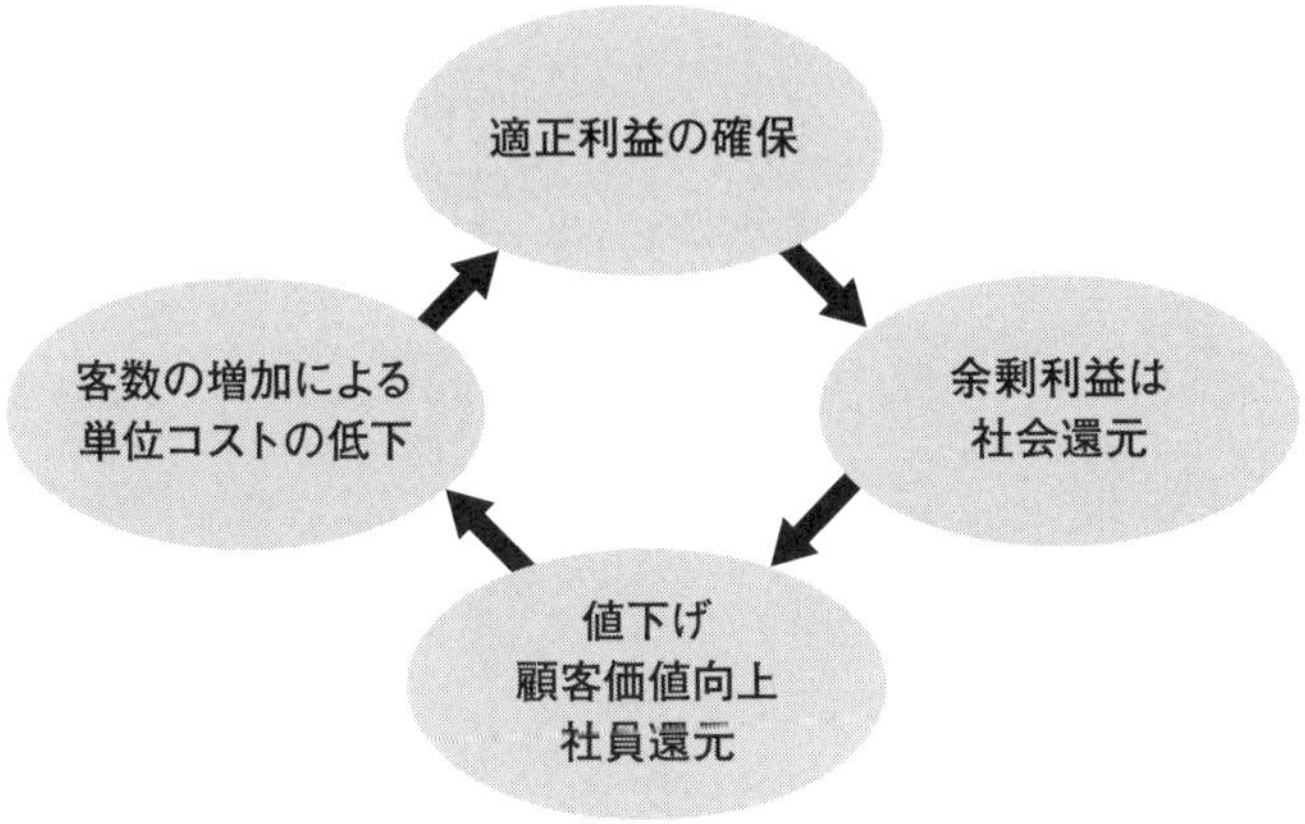

があります。利益率が高いけれども競合が激しい事業もあれば、利益率は低いけれども安定していて、地域や社会に必要とされている事業もあって、相互に補完できるようにしておくのが事業を長く継続させるコツでもあります。しかし、今の資本市場は、そんなことを許してくれません。

そんな資本市場に左右されるのではなく、自社が適正と考える利益率を自ら設定するのです。

私の会社を例にして、説明していきましょう。図8にあるように、適正利益を確保できたら、それ以上の利益は余剰利益であり、儲け過ぎか、コストをかけなさ過ぎ、顧客へのサービス不足、対応不足があったと考えます。その発想に立って、翌期の計画を立て、予算を決定するのです。

期初には、前期からの繰り越しで、社会還元のための寄付などを行うようにしています。これも造語ですが、「**社会還元性向**」1％としています。

前期の税引後利益の1％を目安に、社会的に意義があると思われるNPOなどへ寄付を行っています。最近は、大学生への奨学金支給も始めました。純利益の1％なので、そこまで大きくはありませんが、社会事業に少しでもお役に立てればという気持ちで実施しています。

前期、適正利益を超える利益が出ていれば、値下げもしくは、顧客価値の向上策を計画します。「値引き」はしませんが「値下げ」については検討します。ここで、コンサルティング・パッケージの値下げや、機能追加を計画するわけです。新機能をどんどん追加しても価格を上げないことが多くなります。

値下げだけだと限界があり、「安かろう悪かろう」と受け取られることもあるので、難しいのです。

そして、当期末が近づいて、適正利益率を超える利益が出そうになったら、その超過分を決算賞与として、社員に還元します。

これは株主ではない社員も同じ条件です。効率よく仕事をしてくれた成果報酬という形で、社員に還元するわけです。

これでどうなるかと言うと、値下げもし、顧客価値向上策も追加で行って社員には決算賞与も出てモチベーションも上がり、さらに、クライアント数、コンサルティング・パッケージの導入企業数が増えることになります。

導入企業数が増えると、1社当たりのコストが下がって収益性が高まり、さらに利益が出やすい収益構造になるのです。

そして、**クライアント数を増やすために、社会還元の一環として、広告宣伝費にも売上の3割程度を使っています。**「それは社会還元ではなく、自社の売上を伸ばすためだろう」と突っ込みたくなるかもしれませんが、そうではありません。

コンサルティング・パッケージの導入企業が増えても、限界費用はゼロに近いので、増えれば増えるほどより価格を低くできるようになり、顧客価値向上の取り組みに投資ができるようになるのです。

安過ぎて、「おたく大丈夫？」と心配されることもあるので、有名タレントを起用して「大丈夫です。こんなCMも流せるくらいには余裕があります」と伝えることも必要です。

広告宣伝を打つ時には、契約料が多少高くても有名タレントを起用することをおすすめします。予算枠があれば、高額のスポンサー契約によって、その分の広告媒体費（CMの出稿枠や広告の回数）は削られますが、一回一回の効果が違ってきます。

特に、まだ会社が小さくて知名度もない時こそ、有名な人に依頼すべきです。

ちなみに、私の会社ではこの10年ほどは女優の橋本環奈さんにお願いしているのですが、どんどん彼女の知名度が上がって、映画やドラマにも出てくれるので、それだけで「NIさん、すごいね」と言っていただけます。

これは彼女がまだ知名度も低く契約料も安かった高校生の時から依頼しているおかげで実現していることで、最初から狙っていたわけではありません。結果オーライなだけですが、今や超売れっ子なので今から依頼しても断られるそうです。広告宣伝予算に何十億、何百億を使えないうちは人気絶頂の人の起用は諦めて、これからブレイクしそうな人を狙いましょう。

ちなみに、私の会社の直近の決算、2024年12月期の広告宣伝費はTVCM以外も諸々含めて約12億円です。ちょっと広告宣伝に注ぎ込み過ぎました。

一方、接待交際費は、12万円です。それも内定者を連れて食事に行った懇親会費用です。それ以外にはありません。接待することも飲み歩くこともゴルフに興じることもなく、無駄な経費は使わずに倹約して、クライアント数を増やして社会に還元するためにお金を使っています。

広告宣伝に使い過ぎたので経常利益は5億8000万円ほどです。もちろん税金はキッチリ払っています。

仮に、12億円の広告宣伝費をゼロにはしないまでも半分にしたら、それで6億利益が増えるわけです。そうすると12億近い経常利益を出そうと思えば出せるということになります。

しかし、自社の利益を増やすことが目的ではなく、より多くの中小企業の経営を改善し生産性を上げることが目的ですから、コンサルティング・パッケージの利用社数、すなわちクライアント数を増やすための広告投資も行うわけです。

この余剰利益還元理論を実践することで、**より多くの中小企業に、より安価に、より価値のあるサービスを提供することができて事業の継続性が高まり、適正な利益も残り、さらにまたクライアント数を増やせる善循環が回る**わけです。

新・水道哲学のすすめ

私はコンサルティングサービスやＩＴツール、デジタルツールをより安価に、より多くの企業にご提供したいと考えています。そのためには、単なる値引きや安売りではなく、**安くできる仕組みが必要**です。安さだけを売りにすると安いクライアントしか相手にできなくなるのは、第４章、第５章で指摘した通りです。

そこで参考になるのが、松下幸之助氏の水道哲学です。ご存じの方も多いでしょうが、１９３２年（昭和７年）５月５日に、松下電器製作所（現・パナソニック）の第１回創業記念式で所主告辞において示された次のような考え方です。

「産業人の使命は貧乏の克服である。その為には、物資の生産に次ぐ生産をもって、富を増大しなければならない。水道の水は価ある物であるが、通行人がこれを飲んでも咎められない。それは量が多く、価格があまりにも安いからである。

産業人の使命も、水道の水の如く、物資を無尽蔵たらしめ、無代に等しい価格で提供する事にある。それによって、人生に幸福をもたらし、この世に楽土を建設する事が出来るのである。松下電器の真使命もまたその点にある。」

世のため人のためを考えた使命感も立派なのですが、それを実現する仕組みも説明している点が素晴らしいと思うのです。大量生産の恩恵を、より多くの人に届けることにより、よりコストを下げることができる。それを水道の水にたとえたわけです。

もちろん、私は中小企業診断士であり、長年経営コンサルティング会社を経営しているくらいですから、高付加価値なブランドビジネスがあることは知っています。

高いからこそ価値がある商品があります。また、安易な安売りがよろしくないことも重々承知しています。

しかし、**世のため人のため、社会のために善なることをしようと思ったら、高いよりも安い方が良い**と思うのです。より広く、遍くそのサービスや商品をお届けしようと思ったら、安いに越したことはありません。

そう考えて、松下幸之助氏の水道哲学を参考にさせてもらって、ＮＩコンサルティングの**「新・水道哲学」**を社内で訴えています。

「コンサルタントの使命はクライアント企業の生産性向上である。そのためには、業務の改善と共にソフトウェア（知識・情報）の生産に次ぐ生産をもって、企業の生産性を高め、富を増大しなければならない。水道の水は価ある物であるが、通行人がこれを飲んでも咎められない。それは量が多く、価格があまりにも安いからである。ソフトウェアもまた価ある物であるが、劣化もなく複製できる為、その限界費用はゼロであり水道の水よりも安くできる。コンサルタントの使命も、水道の水以上に、ソフトウェア（知識・情報）を無尽蔵たらしめ、無代に等しい価格で提供する事にある。それによって、企業とそこで働く人の人生に幸福をもたらし、この世に楽土を建設する事が出来るのである。ＮＩコンサルティングの真使命もまたその点にある。」

ソフトウェアとは、まさにコンサルティング・ノウハウや知識や情報を詰め込んだ「コンサルティング・パッケージ」のことです。

ソフトウェア、ＩＴ、デジタルを活用することで、コンサルティングサービスは水道の水よりも安くできる可能性があると信じています。水は配給したらなくなりますが、ソフトウェアはいくら配給してもなくなりません。大量生産でコストを引き下げることができても、何らかの物質を伴う製品であれば原料や素材が必要で、安くするにも限界があります。

その限界を超えるのが、限界費用ゼロというデジタルの力です。理論的には水道の水よりも安くできるのです。この力を使って、より多くの中小企業の生産性を上げていきましょう。

NI経営を実践して日本を元気にしよう

そのためには、数が必要です。限界費用が限りなくゼロに近いデジタルの力を最大限に引き出すには、顧客数や処理件数、取引件数を増やして、固定費の配賦を小さくしていくことが重要です。

いくら、限界費用がゼロでも、顧客数や処理件数が少なければ、固定費の配賦や按分があって、総費用で見ると縮小幅が小さくなります。

そこで、コンサルティング・パッケージを利用して、クライアントへの指導やコンサルティングを進めてくれる中小企業診断士の皆さんを募りたいと思います。

自社でシステム開発をするのは難しい方は、自社開発へのステップだと思って取り組んでみてください。


一緒に利用社数を増やせば、それだけコストを引き下げることができ、クライアントにはもちろん、協力してくれた中小企業診断士の方々にも利益還元できるようになります。


それぞれの中小企業診断士が、組織や地域の壁を超え、ネットワークしてより多くの中小企業を支援する仕組みが作れれば良いと考えています。

もちろん、日本中小企業診断士協会連合会で取りまとめてもらっても構いません。協会関係者の方がお読みになっていれば、ご検討ください。

そして、これこそが企業経営の新しいカタチだと思うのです。

企業の所有は、従業員共有型にし、運営はネットワーク型にするのです。

これを「**ネットワーク・アイデンティティ経営**」と言います。

図9　ネットワーク・アイデンティティの概念図

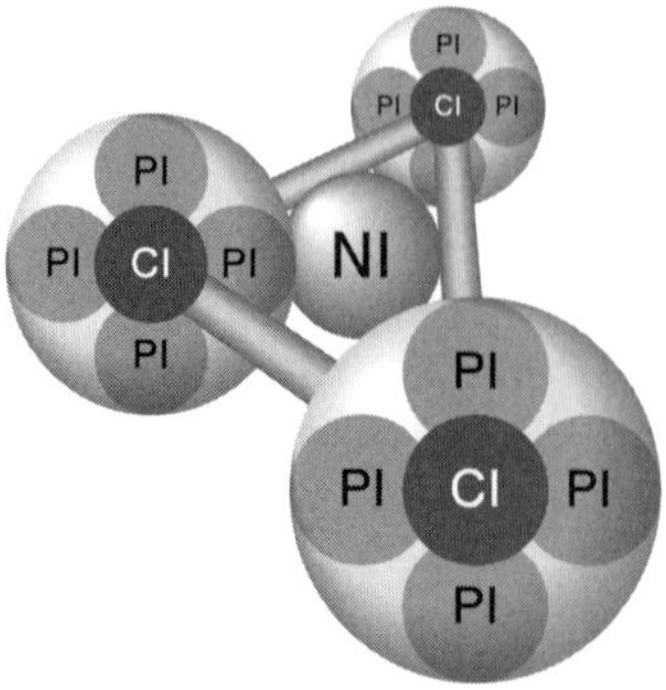

ＰＩがネットワークしてＣＩとなり、ＣＩがネットワークしてＮＩとなる。

企業は個人のネットワークであり、企業の枠を超えてネットワークは広がる。

ジブン株式会社のオーナーである社員がＰＩ（パーソナル・アイデンティティ）で、それがネットワークでつながって、ＣＩ（コーポレート・アイデンティティ）を形成します。そのＣＩとまた別のＣＩとがネットワークされて、ＮＩ（ネットワーク・アイデンティティ）となります。

これからの企業は、人（ＰＩ）が主体性を持って参画するものになりますが、一人では限界があるので、大きな仕事をするためには他のＰＩと連携する必要があります。

それが法人という法的な枠組みに収まっていれば会社ということになり、それがＣＩです。さらにその法人の枠を超えてネットワークが広がれば、会社（ＣＩ）と会社（ＣＩ）、もしくは会社（ＣＩ）と個人（ＰＩ）がつながって、その全体としてＮＩを形成するのです。

これを中小企業診断士で説明すると、個々の中小企業診断士がＰＩです。それぞれの得意分野や富士山を持っているわけですが、一人では限界があるので他の中小企業診断士（ＰＩ）と連携します。それで一緒に法人を作ればＣＩということになりますし、法人や個人が混在しているとＮＩと考えれば良いことになります。**多くの中小企業診断士がネットワークして、それが全体としてアイデンティティを持って認知されれば「中小企業診断士」というネットワーク・アイデンティティを確立**できます。

このネットワーク・アイデンティティによって、日本全国の中小企業に経営改善するデジタルツールを導入し、それを通じて、各中小企業診断士がコンサルティングの新しいカタチで支援を行えるようにすれば、日本を元気にすることにもなるでしょう。中小企業診断士が力を合わせればさらに中小企業の振興に寄与できるのです。

その結果として、中小企業診断士が年収1億くらいは稼げるようになり、「中小企業診断士は稼げるし社会的に価値のある資格だ」という評判になって、さらに優秀な人材が中小企業診断士を目指すようになってくれることを願っています。

あとがき

フェラーリやポルシェには乗っておりません。別荘も持っておりません。

タクシーにも滅多に乗りません。移動は専ら電車です。

出張の手配は総務でやってもらっているのですが、新幹線はグリーン車なのに、飛行機は割引された普通席です。そろそろプレミアムクラスくらい乗せてくれてもいいのに、とは思います。接待しないしされもしないので、交際費なども使いません。

年収1億を超えても、特に生活は変わりません。


上場を目指していた時には、開示義務があるので1億未満になるように抑えていたのですが、非上場の第三の道を進もうと決めたら、利益が出過ぎて株価が上がり過ぎるので報酬を増やしました。

オーナー経営者なら分かってもらえると思いますが、個人で報酬をとろうと、会社に残そうと結局同じことなので、どちらでもいいのです。

しかし、私は会社を従業員共有型経営にしようとしているので、個人でもらうべきものはもらって、株価が上がり過ぎないようにしておかないと従業員が株を買うのにも買いにくいでしょう。私に精神的余裕がないと自分の株を従業員持株会に譲渡する気になれないのです。

息子は三人いますので同族の後継者がいないわけではありませんが、息子たちに会社を継がせる気はありません。子供に相続させる心配よりもその時に日本があるのかどうかが心配で相続対策を考える気にもなれません。

年収が1億を超えたと言っても、手取り額は半分以下になります。こんなに税金や社会保険料で引かれるくらいならいっそ報酬を下げたいと考えるのが自然だと思いますが、どこかで必ず税金は取られるので、観念して払うしかありません。

せめて良い使い方をしてもらいたいものです。

社員には、決算賞与も出し従業員持株会を通じて株を持たせ奨励金も出し配当も出しています。「金が余っているなら社員にもっと払え」とお思いの方もいるでしょうが、すでに結構払っていますし、代表として私がイザという時には私財を突っ込むしかないので、そういうリスクを甘受することも含めての報酬です。

そんなに利益があるなら、もっと料金を下げてほしいと思われるクライアントの方もいらっしゃるでしょう。余剰利益還元理論を再度読み返していただいて、他社の料金と弊社の料金・利益率を比べてみてください。決して儲け過ぎとは考えていません。

それに、クライアントの経営を支えるシステムを提供し、大切なデータをお預かりしているので、潰れそうになっているよりも、多少は余裕がある経営をしている方が安心でしょう。

このような状況なので、上場して資金調達する必要もなくなったわけです。

システム開発も自社開発で、一度に多額の開発投資が必要になったりもしません。

本書を書くに当たり、福永活也氏の『日本一稼ぐ弁護士の仕事術』という本を参考にさせていただきました。それを真似て本書のタイトルも『日本一稼ぐ中小企業診断士』にしようかとも思いましたが日本一かどうかを確かめる方法がなく断念しました。

福永弁護士は年収10億円を何年間か続けたと書かれていました。やはり弁護士の稼ぎは違いますね。中小企業診断士もしっかり稼いでいきましょう。

ここまでお読みいただいた方の中には、「こんなのは中小企業診断士じゃない、システム会社だ！」と納得できずにいる人もいると思います。その場合は、もう一度第1章を読み返してみてください。

また、「経験談に過ぎないじゃないか」というご批判もあると思いますが、まさに**私が実践し実地で検証してきた具体的ノウハウを再現性のある形で開示**しています。

それでも再現方法が分からないという中小企業診断士の皆さんには、本書を読んでくれたことを条件に、私が個別に無料相談会を実施します。読み終えた本書を持参して東京品川の弊社オフィスまで来てください。

事前連絡・日程予約は私のオフィシャルサイト（kazuhiro-nagao.com）のプロフィー

ルページにある「メールを送る」からお願いします。ただし、本気でやろうとする気概のある人に限定したいのでリモートでの面談は受け付けません。遠方の方には申し訳ないですが、気合を入れて東京まで来てください。手土産はいりません。

今、中小企業診断士を目指して勉強中だという方に受験方法をアドバイスすることはできませんので（合格したのが30年以上前なので）、頑張って勉強し合格してから相談に来てください。

ちなみに、二次試験合格前に弊社に入社したら、登録後に合格祝い金１００万円がもらえるので、入社をご希望の場合は弊社ホームページの「採用情報」からエントリーしてください。

本書を読んで、「自分が稼いでいることを自慢したかっただけではないか」と私の本書執筆の動機を疑っている方もいらっしゃるかもしれません。ですが、私の収入など上場した株長者などと比べれば桁違いに低いものですし、金持ち自慢などしても嫉まれたり、批判されたりするばかりでメリットはありません。

中小企業診断士の資格の可能性を多くの人に知っていただき、有資格者や目指している人に希望を持っていただきたいのが9割です。それによってより多くの中小企業の支援ができるようになればと思っています。

あとの1割はコンサルティング・パッケージの利用拡大に協力してくれる中小企業診断士の方が現れれば、さらにお手伝いできる中小企業の数が増えコストも下げることができるのになぁという下心です。

本当は別のテーマの本を書きたかったのですが、KADOKAWAさんにこちらの企画が採用されてしまい、どうせ出すなら売れないと意味がないので刺激的なタイトルになりました。そういうことで、決して私を批判したり、寄付を依頼したりしないようにお願いします。

「1億なんて小さいな、もっと5億、10億と稼ぐくらいの意気込みはないのか」と思われる方、すでに中小企業診断士になって毎年1億以上稼いでいる、という方がいらっしゃいましたら、是非情報交換させてください。

一緒に日本を元気にする方策を考えましょう。そして、どっちが稼いでいるかを比べて「日本一稼ぐ中小企業診断士」の座を争いましょう。私が実際にいくら稼いでいるかはそれまで秘密にしておきます（笑）。

本書を通じて、中小企業診断士の評価が高まり、「せいぜい3000万円程度」と思われていた収入が「やり方次第で億はいく」と言われるようになり、優秀な人がどんどん中小企業診断士を目指すようになればいいなと考えています。

もちろん、弁護士や公認会計士・税理士といった独占業務のある士業で、5億、10億と稼いでいる人もいると思いますので、1億程度ではまだまだです。

本書を参考にして、さらに稼いでもらいたいと思います。稼げるということはそれだけ多くの中小企業のお役に立っている証です。稼ぐことを忌み嫌わないようにしましょう。なぜなら、**中小企業診断士は稼ぐことを教える唯一の国家資格**なのですから。

最後に、弊社の社員が「社長は年収が多くていいいな」と僻んだりしないように、社員向けの言い訳を書いておきます。

まず私と同じように稼ぎたければ、同じＮＩコンサルティングのオーナーとして追加投資することです。私はこれまで稼いだお金を会社に注ぎ込んできたのです。

そして会社の業績を上げ配当を増やし株価を高めましょう。私の仕事が年収に見合わないと思えば株主として声を上げましょう。株主総会もあります。

個人的に羨ましく思うなら独立支援制度もあるので、自分もやってみればいいのです。本書にやり方は書きましたし、ＮＩコンサルティング社内で私のやり方を実地で学んでいますね。


私が死んだら保有している株は息子たちに相続されることになりますが、到底相続税が払えないでしょうから、ファンドなどの第三者に売ってしまわないようにするには会社で自社株買いをしてもらう必要があります。

そこで社員の皆さんの持ち分が一気に増えますので、お楽しみに。だったら早めに譲渡してほしいと思うかもしれませんが、死ぬ前に手放してしまってぞんざいに扱われては嫌なのでそれまではある程度保有しておきます。

私の年収が１０００万円程度だったら、妬ましくも思わないでしょうが、そんな会社にいては年収アップにも限界があり、将来への夢もないでしょう。

お金を稼ぐことは目的ではありません。世のため人のためにお役に立った対価がお金であって、少ないより多い方が良いに決まっているのです。「社長はいいなぁ」とボヤいている暇があったら、しっかり社会に貢献していきましょう。

2025年4月

長尾　洋

【参考文献】

P．F．ドラッカー『ドラッカー名著集2 現代の経営』（ダイヤモンド社、2006年）
藤原和博『100万人に1人の存在になる方法 不透明な未来を生き延びるための人生戦略』（ダイヤモンド社、2019年）
並木裕太『コンサル100年史』（ディスカヴァー・トゥエンティワン、2015年）
レベッカ・ヘンダーソン『資本主義の再構築 公正で持続可能な世界をどう実現するか』（日経BP日本経済新聞出版、2020年）
福永活也『日本一稼ぐ弁護士の仕事術』（クロスメディア・パブリッシング、2019年）

長尾 一洋（ながお・かずひろ）
株式会社NIコンサルティング代表取締役。中小企業診断士。
横浜市立大学商学部経営学科卒業後、経営コンサルティング会社勤務を経て、1991年、株式会社NIコンサルティングを設立。自社開発の経営支援システム「コンサルティング・パッケージ」は、１万５千社を超える企業に導入され、経営革新や業務改善をローコストで実現している。また、約2500年前から伝わる兵法書『孫子』の知恵を現代の企業経営に活かす孫子兵法家としても活動。
著書に『売上増の無限ループを実現する営業DX』『デジタル人材がいない中小企業のためのDX入門』（ともに、KADOKAWA）、『AIに振り回される社長 したたかに使う社長』（日経BP）、『すべての「見える化」で会社は変わる』（実務教育出版）、『普通の人でも確実に成果が上がる営業の方法』『まんがで身につく 孫子の兵法』（ともに、あさ出版）、他多数。

中小《ちゅうしょう》企《き》業《ぎょう》診《しん》断《だん》士《し》になって「年収《ねんしゅう》１億《おく》」稼《かせ》ぐ方法《ほうほう》

2025年４月28日　初版発行
2025年７月10日　３版発行

著者／長尾《ながお》 一洋《かずひろ》

発行者／山下 直久

発行／株式会社KADOKAWA
〒102-8177　東京都千代田区富士見2-13-3
電話 0570-002-301（ナビダイヤル）

印刷所／TOPPANクロレ株式会社

製本所／TOPPANクロレ株式会社

●お問い合わせ
https://www.kadokawa.co.jp/（「お問い合わせ」へお進みください）
※内容によっては、お答えできない場合があります。
※サポートは日本国内のみとさせていただきます。
※Japanese text only

定価はカバーに表示してあります。

ISBN 978-4-04-607295-5　C0030